Illisibilité partielle

Contraste insuffisant
NF Z 43-120-14

Valable pour tout ou partie
du document reproduit

Couverture inférieure manquante

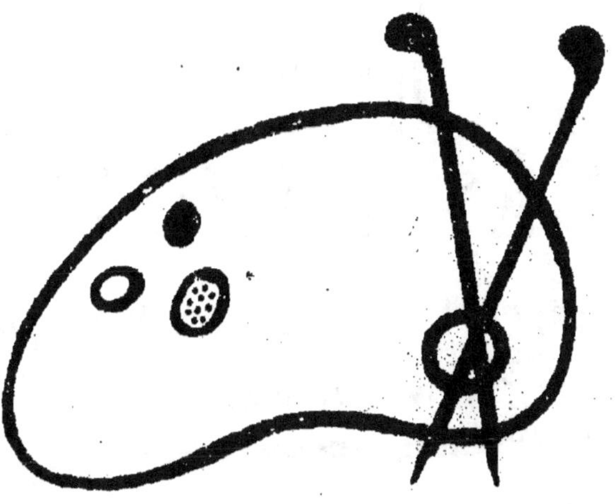

Original en couleur

NF Z 43-120-8

HISTOIRE

DES IMPOTS

AUX COMTÉ ET ÉLECTION D'AUXERRE

AU XVIᵉ SIÈCLE

1578-1585

PAR

Max. QUANTIN

CHEVALIER DE LA LÉGION D'HONNEUR

ARCHIVISTE DE L'YONNE

Extrait de l'*Annuaire de l'Yonne* de 1874

AUXERRE

IMPRIMERIE DE GUSTAVE PERRIQUET

Rue de Paris, 31

1874

À Mon cher et savant Confrère
et Maître
Hommage affectueux
[signature]

HISTOIRE

DES IMPOTS

AUX COMTÉ ET ÉLECTION D'AUXERRE

AU XVIe SIÈCLE

1378-1585

PAR

Max. QUANTIN

CHEVALIER DE LA LÉGION D'HONNEUR

ARCHIVISTE DE L'YONNE

Extrait de l'Annuaire de l'Yonne de 1874

AUXERRE

IMPRIMERIE DE GUSTAVE PERRIQUET

Rue de Paris, 31

1874

HISTOIRE DES IMPOTS

AUX COMTÉ ET ÉLECTION D'AUXERRE

AU XVIᵉ SIÈCLE

1578-1585.

En feuilletant dans les archives du département de la
Côte-d'Or, si riches en documents civils sur notre pays, les
vieux rôles et recherches des feux dressés dès le xivᵉ siècle
par ordre des Elus des États de la belle province de Bourgogne, je suis tombé sur un registre qui résume dans ses
260 feuillets l'histoire des impôts généraux et particuliers
mis pendant le dernier quart du xviᵉ siècle sur le Comté et
l'Election d'Auxerre.

Ce recueil contient la copie de toutes les lettres royales prescrivant les impositions, les ordonnances des Elus
généraux répartissant sur le comté d'Auxerre la part qui lui
est imputée, les délibérations des Elus particuliers de l'Auxerrois qui partagent sur chaque ville ou communauté inférieure
d'habitants la somme de sa cote-part d'impôt, les délibérations des assemblées des habitants pour la demande en
création d'impôts spéciaux : tout cela m'a paru intéressant à
extraire du fond des archives, afin de faire connaître les
pratiques financières de ce temps et le degré d'initiative dont
jouissaient alors les habitants des villes et des villages.

L'auteur de ce registre, Palamède Goureau, Elu pour le
roi en l'Election d'Auxerre, ne pensait pas, en faisant trans-
crire tous ces documents, dans l'intérêt de son service, qu'il
nous éclairerait un jour sur l'état du pays, sur ses institu-

tions financières et sur le mécanisme au moyen duquel le recouvrement sûr de l'impôt avait lieu alors.

Notre travail ne commence qu'en 1578, ainsi que l'annonce le registre de maître Goureau, intitulé :

« Commissions exécutées en l'Eslection d'Auxerre, puys le premier jour de janvier l'an 1578. P. GOUREAU. »

Il s'arrête à l'année 1585.

I

L'origine des impôts généraux remonte, comme on le sait, aux guerres du xive siècle, lorsque les rois furent obligés de lever des troupes et de les rendre permanentes. Les grands vassaux imitèrent l'exemple royal dans leurs fiefs, et imposèrent des tailles sur les habitants des villes et des villages de la classe du tiers-état.

Pour connaître les ressources des populations, et n'ayant pas à leur disposition un cadastre du territoire, ils envoyaient périodiquement des commissaires qui visitaient une à une chaque ville, chaque village et même chaque hameau ; comptaient les feux, décrivaient l'état des maisons, le degré de fortune ou de misère des habitants, le nombre des bestiaux, etc.

A leur retour ils rendaient compte aux Elus généraux de leur mission, et ceux-ci basaient la répartition de l'impôt à faire sur le rapport de ces commissaires.

Mais je me réserve d'entrer dans de plus longs détails sur ce sujet dans un autre travail ; il nous suffira dans celui-ci d'indiquer les lignes générales du système, et nous entrerons de suite en matière à l'aide du registre de maître Goureau.

Le pays sur lequel s'étend l'action de Me Palamède Goureau, est celui du comté d'Auxerre, tel que l'avait fait le partage de 1273 entre les trois filles de la comtesse Mathilde III.

On peut le décrire ainsi : il est assis sur les bords de l'Yonne depuis le point où la rivière du Serain se jette dans ce fleuve, jusqu'à Coulanges-sur-Yonne en remontant. La rivière de Cure en arrose une portion, depuis Arcy jusqu'à son embouchure dans l'Yonne. Il a à vol d'oiseau 43 kilomètres dans sa plus grande longueur de Beaumont à Coulanges, et 26 kilomètres dans sa plus grande largeur, de Coulangeron à Sacy.

L'Election d'Auxerre, administration financière établie dès le xive siècle, eut les mêmes limites que le comté. Les vieux cadres furent conservés et on ne changea pas les habitudes des populations. Voici la liste des villes et des villages composant l'Election et le Comté :

Auxerre.
Arcy.
Augy.
Chemilly et Beaumont.
Chitry.
Coulanges-les-Vineuses.
Coulanges-sur-Yonne.
Courson.
Crain et Misery.
Cravan.
Cussy.
Escolives.
Festigny.
Fontenay.
Fontenailles.
Fouronnes.
Gurgy.
La Villotte.
Le Val de Mercy.
Lucy-sur-Cure.
Mailly-la-Ville.

Mailly-le-Château.
Merry-Sec.
Merry-sur-Yonne.
Migé.
Mouffy.
Monétau.
Montigny.
Perrigny.
Quenne.
Saint-Bris.
Saint-Cyr.
Saint-Georges.
Sainte-Pallaye.
Seignelay.
Sery.
Souilly.
Venoy.
Vermanton.
Villefargeau.
Villeneuve-Saint-Salve.
Vincelles.

II

IMPOTS GÉNÉRAUX

Le *taillon* ou la taille mis sur les habitants des villes et des villages du tiers-état était l'impôt ordinaire. Des lettres-patentes au nom du roi adressées aux Elus généraux de Bourgogne, les informaient du chiffre de l'impôt mis sur la province. Cette somme était depuis longtemps fixe, comme nous l'apprend un précieux recueil des *Édits, déclarations royales et autres monuments sur l'administration de la province*, publié par ordre des Élus (1). Dès l'an 1549, date de la création de l'impôt, elle était de 71,547 livres 4 s. et elle demeura la même, à peu de chose près, au moins jusqu'en 1589, d'après notre registre et les documents publiés.

(1) Dijon, 1787, 3 vol. in-4°.

Les lettres royales dès l'an 1555 donnent des raisons pour l'établissement ou le maintien de l'impôt ci-dessus. « Chacun a jusques ici assez peu veoir et cognoistre le bien, repos et soullagement que nos subjects reçoivent journellement de l'ordre donné sur la manière de vivre de nostre gendarmerie, par le moyen de l'augmentation de soulde qui lui a esté baillée au lieu des fournitures, ustencilles et logis qu'elle souloit avoir de nosdits subjects, sans payer. »

C'est donc un impôt en argent qui a remplacé une prestation en nature, onéreuse et arbitraire, comme on doit le supposer. Chaque année la même formule se répète, avec la même conclusion.

An 1578. — Les Elus généraux ayant reçu les lettres royales, s'empressent d'adresser une dépêche à leurs « amez frè- « res les Elus pour le roi au comté et bailliage d'Auxerre, » contenant l'énumération des diverses dettes à payer pour le service du roi ; ensuite de quoi vien· l'énoncé de la somme de 2,266 écus 2/3 (1) imposée sur les habitants du comté et bailliage d'Auxerre, avec invitation aux élus de la répartir le plus justement possible avec les frais et gages, et la recouvrer par quart, les 15 de mars, juin, septembre et décembre suivants, et la verser à Dijon entre les mains du receveur général des finances, avec droit de requérir tous agents de la force publique pour le recouvrement.

En conséquence, le *mespart* de ladite somme est fait par Adrien Légeron, Michel Privé et Palamède Goureau, élus pour le roi pour le fait des aides et tailles en l'Election d'Auxerre, et Pasquet Coutant, contrôleur ; on y ajoute 200 écus pour l'assiette et cotisation et autres frais.

Les sommes à recouvrer seront versées entre les mains de Me Germain Grail, receveur de l'Election d'Auxerre.

Le mépart fut fait en présence dudit Grail, de Jean Villon, substitut de Me Jean Josmier, procureur du roi, de Claude Ferroul, greffier, et de Robinet, son commis, dans le cours de neuf séances tenues pendant le mois de février 1578.

Les commissaires ayant pu établir qu'il avait été payé, l'année précédente, pour l'entretien de 100 pionniers une somme de 240 livres, ils ont arrêté le chiffre du taillon à 2406 écus 2/3.

(1) L'écu valant 60 sous, cette somme équivaut à 6,800 livres.

Le maire, les gouverneurs et les échevins d'Auxerre adressent ensuite aux Élus un état des frais à faire pour la levée du taillon sur la ville. C'est une curieuse pièce qui fait connaître tout le mécanisme de la perception de l'impôt. Ils s'abstiennent de chiffrer les frais, mais les élus y pourvoient pour chaque article.

1° Pour le principal de ladite taille : 614 écus 2/3. Jugement des Élus :

Vu nostre commission, passé pour 1,844 liv. t.

Item pour les rôles qu'il convient faire, assavoir : aux asseyeurs, aux collecteurs, auxdits sieurs Esleuz, au procureur du roy et au procureur dudit hostel de ville qui sont en nombre...

Passé pour 18 livres.

Pour la vérification et enthérinement dudict arrest de la cour des aides donné au profit de Me Philibert Boucher et autres héritiers de feue Jehanne Boulanger, pour une somme de 22 écus 1/3 et 8 s. ;

Passé pour 4 livres 10 s.

Item pour douze billets faicts par le procureur du faict commung, pour faire publier par les paroisses, affin d'eslire et nommer gens pour asseoir et lever ladite taille ;

Passé pour 12 s.

Item pour les sallaires de Jehan Chasteau, concierge de l'hostel de ville d'Auxerre, d'avoir porté lesdits billets esdites paroisses ; iceulx retirez, porté les rooles aux asseyeurs, retiré iceulx et porté aux collecteurs ;

Passé pour 7 livres 10 s. à la charge qu'il fera les diligences de recouvrer les rooles, à faute de quoy faire la présente taxe rayée.

Item pour vous Messieurs qui vacquez à jecter, collationner, calculer et signer lesdits rooles de ladite taille ;

Passé pour 15 livres.

Item pour le sallaire du procureur du roy en ladite Eslection ;

30 s.

Item pour le sallaire de M. le contre-rooleur ;

50 s.

Pour les non-valloirs qui ce pourront trouver par ladite

ville et faulxbourgs, actendu la pauvreté du pays et mortalité;

> Néant. — Rapportant iceulx deuement vérifflez, ils seront jectez suivant le règlement et ordonnance.

Item pour la despense des assseyeurs qui feront les rooles de ladite taille en l'hostel de ville;

> Passé pour 25 livres à la charge que ladite taille se fera en l'hostel de ville, en la présence de ceulx qui y doivent assister, le serment préalablement par eulx faict.

Item pour la présente déclaration faicte par le procureur de ladite ville;

> Passé pour 10 s.

Item pour le sallaire de nostre greffier qui a dressé suyvant le mespart ladite commission;

> Passé pour 10 s.

Item pour le sallaire du procureur de ladite ville, d'avoir assisté à ladite taxe;

> Passé pour 10 s.

Item pour la cueillette desdits deniers, sera par vous taxé aux collecteurs particuliers desdites douze paroisses somme raisonnable;

> Passé à raison de 18 deniers pour livre, pour la somme 160 livres 13 s.

Plus au receveur commis à la recepte de ladite taille, pour recevoir les deniers cy-dessus;

> Néant.

En résumé le total des frais joint au capital porte le montant du rôle à 2,148 livres 3 s tournois ou 716 écus 3 sous, qui est arrêté par les Elus le 20 février 1578.

Voici maintenant le mespart de ladite somme fait sur les douze paroisses de la ville d'Auxerre, à l'hôtel-de-Ville par les collecteurs des paroisses réunis. On y verra par la différence des chiffres le degré de richesse et d'importance relatif de chaque paroisse.

Mépart fait en l'hôtel de ville d'Auxerre sur les douze paroisses de la ville et faubourgs.

SAINT-EUSÈBE. — 504 livres ou 168 écus sol.

> Collecteurs : Germain Pogeoise, Olivier Prévost et Jacques Desprez.

SAINT-MAMERT. — 146 liv. ou 48 écus 2/3.

Collecteurs : Francoys Quatranvaux et Edme Rocher.

SAINT-AMATRE. — 46 liv. ou 15 écus 1/3.

Collecteurs : Claude Colas et Jehan Privé.

SAINT-MARTIN-LÈZ-SAINT-JULIEN. — 20 liv. 1 s. ou 6 écus 2/3 et 1 s.

Collecteur : Léonard Cauley.

SAINT-PÈRE. — 599 liv. ou 199 écus 2/3.

Collecteurs : Arthur Rothier, Pierre Gaulché et Jacques de Coyne.

SAINT-PÈLERIN. — 94 liv. ou 31 écus 1/3.

Collecteurs : Claude Soufflot et Jehan Blanché.

SAINT-GERVAIS. — 20 liv. 1 s. ou 6 écus 2/3 et 1 s.

Collecteurs : Françoys Caillard et Claude Rigollet.

SAINT-MARTIN-LÈS-SAINT-MARIEN. — 1 écu.

Collecteurs : Edmond Macherée et Pierre Paris.

NOTRE-DAME-LA-DEHORS. — 290 liv. 10 s. ou 96 écus 2/3 et 10 s.

Collecteurs : Claude Jannequin, Jehan Carrolat et Claude Chesneau, sergent.

SAINT-LOUP. — 290 liv. 10 s. ou 96 écus 2/3 et 10 s.

Collecteurs : Pierre Charles Tinturier, Jehan Lyard et Symon Robert.

SAINT-RENOBERT. — 105 liv. 1 s. ou 35 écus 1 s.

Collecteurs : Nicolas Coutent et Jehan Grail.

SAINT-PÈRE-EN-CHASTEAU. — 30 liv. ou 10 écus.

Collecteurs : Jehan Leclerc et Augustin Vaudoré.

L'opération étant terminée, le registre ne contient plus rien sur cette levée de taille. Restait seulement à encaisser les deniers ; c'est l'affaire du receveur.

1580. — Le roi par ses lettres-patentes du 9 octobre 1579, adressées aux Elus de trois états de Bourgogne, répête les mêmes raisons alléguées en 1579 pour l'établissement du taillon, et leur demande une somme égale.

Les Elus adressèrent, en conséquence, le 18 janvier 1577, à leurs collègues du comté d'Auxerre, des lettres portant que le montant du taillon et augmentation de la solde de la gendarmerie en Bourgogne était de 23,849 écus et de 2,300 écus pour l'entretien des prévôts des maréchaux.

Ils les informèrent ensuite qu'ils imposaient sur les habitants du comté d'Auxerre la somme de 2,375 écus, à répartir par eux sur les villes et villages dudit comté.

L'opération fut faite par les Elus du comté du 4 au 17 février 1580, et le total de l'impôt s'éleva avec les frais à 2545 écus.

La ville d'Auxerre fut en outre imposée, en exécution de deux sentences du bailli de Sens, à 165 écus 2/3 envers les enfants de feu Germain de Bierne, pour les indemniser de l'occupation d'une maison leur appartenant, située près de la porte du Pont, faite dès l'an 1567 par le capitaine Montperroux et autres capitaines « qui pour lors estoient et depuys ont esté en icelle ville pour le service du roy. » La ville y avait établi un corps-de-garde qui y était resté depuis ce temps, et la maison en était devenue presque inhabitable. On avait aussi démoli une vinée appartenant aux enfants de Bierne, située également près du Pont, et on y avait fait construire un rempart et une plate-forme pour la fortification de la ville.

1581. — Même marche dans l'établissement de l'impôt que les années précédentes. — Les Elus généraux répartissent sur le comté d'Auxerre 2,377 écus 1/3 seulement en principal, « ayant égard aux incommodités souffertes par ledit comté, » et 146 écus 1/3 pour les frais.

Les Elus prescrivent en outre aux collecteurs des paroisses d'Auxerre d'apporter avec chaque quartier de la taille les noms, surnoms et enseignes de tous les hôteliers, taverniers et cabaretiers habitant dans l'étendue de leur collecte, et de plus les noms, seings, dates et sommes des quittances de ceux qui feront apparoir avoir payé, qu'ils coteront en tête de leurs noms, comme aussi ceux qui n'auront pas payé, etc., lesquels certificats ils mettront ès-mains du greffier de l'Election. « Le tout, ajoutent les Elus, sur peine auxdits collecteurs de respondre en leurs propres et privez noms des obmissions qu'ils

y pourront faire, et de 10 écus d'amende sur chacun d'eux »
(14 février 1581).

1582. — Pas d'observations.

1583. — La cote imposée sur le comté d'Auxerre descend
à 2,110 écus, « eu égard, disent les Elus, aux remontrances
qui nous ont esté faites de bouche et par escript tant par le
député des Élus que ceux de la ville d'Auxerre. »
Avec les frais le total de l'impôt s'élève à 2,304 écus.
Les officiers de l'Election réunis en la chambre du conseil
du château d'Auxerre, prélevaient des vacations pour leurs
opérations, et messeigneurs de la Chambre des Comptes à
Dijon approuvaient la taxe.
Chacun des Elus a reçu 6 écus, total 40 écus ;
M° Pasquet Coutant, contrôleur en exercice, 6 écus 2/3 ;
Le procureur du roi 5 écus ;
Le greffier 8 écus 1/3, tant pour son assistance au mépart
que pour l'expédition des commissions ;
Les sergents qui ont porté les commissions ont reçu 8 écus
1/3.
M° Privé, Elu, qui avait été à Dijon porter des remontrances aux Elus généraux des États « sur la pauvreté et fortunes
advenues en l'estendue de ladite Election en la présente année », afin qu'ils apportent des réductions dans le taillon de
1584, reçoit 10 écus pour ses frais de voyage.
On porte pour mêmes frais en procédant au mépart, 8 écus
1/3.
Enfin, le receveur, tant pour ses frais de la recette du taillon, port des deniers à Dijon , que reddition et épices de son
compte, reçoit 107 écus 1/3.

1584. — La cote du comté est de 2,050 écus, « ayant
égard, disent les Elus généraux, aux remontrances qui nous
ont esté faites par vos députez. »

1585. — La cote du comté est de 2,020 écus, et les Elus
la font suivre des mêmes observations que précédemment.
Notre registre s'arrête ici pour le taillon.
Nous allons énumérer d'autres impôts complémentaires
des tailles que payait le tiers-état.

III

L'état politique de la France sous le règne d'Henri III était loin du calme et de la sérénité du règne de Louis-XIV. La guerre civile, qui remettait en question l'unité française sous couleur de dissentiments religieux, éclatait à chaque instant, et la faiblesse du gouvernement et sa duplicité augmentaient chaque jour le danger.

Malgré cet état de crise aiguë, l'administration des finances fonctionnait toujours régulièrement, au moins en Bourgogne, où l'autorité royale était respectée et représentée par le duc de Mayenne. Le recueil de maître Goureau nous a conservé la série des impositions générales mises sur l'Election d'Auxerre depuis 1579 à 1584. On voit qu'elles complètent amplement l'impôt ordinaire du taillon. Elles consistent notamment en un impôt sur les villes closes pour l'entretien de 50,000 hommes de pied (1580, 1582, 1584), un octroi ou don gratuit au roi (1581, 1584), un impôt pour racheter le subside de 15 s. par muid (1580, 1583), un autre appelé Equivalent, pour tenir lieu d'un droit de 12 d. par liv. sur la vente des marchandises, et pour la commutation des menues fermes, etc. Ajoutons à ces impôts une taxe sur les paroisses du bailliage d'Auxerre pour la réparation du pont de cette ville, considéré comme étant d'intérêt général.

Mais l'intérêt que présente notre étude serait incomplétement mis en relief si nous n'analysions pas les documents mêmes qui établissent les principaux impôts.

1580, 1582, 1584. — *Impôt sur les villes closes.*

En 1580, le roi, dans ses lettres-patentes, semble s'excuser sur « les grands préparatifs de guerre que font nos voisins et le doubte ou nous sommes de quel costé pourront tirer les forces qu'ils assemblent » pour expliquer la nécessité où il se trouve de faire lever en ses villes closes la solde de 50,000 hommes de pied, « ne pouvant choisir moyens plus doulx et gracieulx pour soullaiger nostre peuple et prévenir le mal qui pourroit à l'occasion dessus dite menasser nostre royaulme. »

Le mépart sur le comté est de 1,000 écus (1). Les Elus

(1) Avec les frais, le total de l'impôt monte à 1,144 écus 2/3.

recommandent de les imposer « avec les fraiz les plus modérez. »

Voici la répartition de l'impôt faite par les Elus et le contrôleur en l'Election d'Auxerre, en présence de l'avocat et du procureur du roi du bailliage et du procureur du roi en l'Election, ainsi qu'il suit. Elle fait connaître les lieux qualifiés de villes closes. Outre ces villes de l'Election on y voit figurer les villes closes du bailliage.

ÉLECTION D'AUXERRE.

Auxerre	200 écus	Mailly-la-Ville	20	sols
Coulanges-l.-Vin	30	Mailly-le-Château	12	écus
Coulanges-s.-Yonne	8	Quenne	16	
Courson	20	Saint-Cyr	20	
Cravan	35 (1)	Vermanton	30	
Chitry	20	Vincelles	20	sols
Migé	35			

BAILLIAGE.

Ouanne	15 écus	Thury	15	écus
Irancy	25	Entrains	30	
Sacy	10	Donzy	35	
Joux	6	Saint-Verain	6	
Précy-le-Sec	12	Cosne	57	1/2
Voutenay	12	Varzy	57	1/2
Asquins	6	La Chapelle-St-And.	12	
St-Père-s.-Vézelay	4	Corvol-l'Orgueilleux	15	
Blannay	4	Flez	8	
Montillot	16	Oisy	8	
Asnières	8	Billy	6	
Vézelay	30	Etais	15	
Brosses	10	Trucy-l'Orgueilleux	10	
Châtel-Censoir	15	Trucy-s.-Yonne	4	
Charentenay	25	Accolay	1	
Jussy	25	Appoigny (2)	20	
Druyes	15	Bassou	12	
Toucy	40	Villemer	10	
Bléneau	20	Les Voves	6	
Saint-Sauveur	15	St-Père-du-Mont	8	
Perreuse	18			

En 1582, l'imposition sur les villes closes ne porte que sur l'Election d'Auxerre, mais elle s'élève assez haut. La ville d'Auxerre y est comprise pour 756 écus et l'Election pour un total de 1,167 écus, frais compris.

(1) « Ayant égard qu'ils font besogner à leur pont qui est ruiné. »

(2) Les cinq derniers lieux de la liste sont qualifiés *nouvelles villes*.

A propos de la levée de cet impôt, il s'éleva un incident administratif en fait de compétence. Les Elus généraux avaient envoyé directement des commissions aux villes imposables, par des agents qui devaient lever eux-mêmes les deniers et les porter à Dijon. Le procureur du roi en l'Election d'Auxerre adressa requête aux Elus contre l'abus de pouvoir des Elus généraux, et fit annuler leur ordonnance et établir le mépart conformément aux édits.

On voit par là que les corps constitués savaient faire respecter leur autorité légitime, même vis-à-vis d'autres corps tout-puissants.

1584. — L'impôt sur les villes closes de 1584 n'offre qu'un fait à mentionner, c'est que le comté d'Auxerre avait été « par inadvertance » imposé en l'état du département de la généralité de Paris, à la somme de 600 écus, tandis que ce pays « est notoyrement du corps des Estatz de Bourgogne, du gouvernement et généralité dudit pays. »

La rapidité de la marche de cette levée peut se mesurer ainsi : 16 mai 1584, lettres-patentes; autres lettres du 28 juin portant remise d'un quart de l'impôt mis sur la province; 5 août, lettres des Elus de Bourgogne à ceux d'Auxerre pour le département de 460 écus, et avec les frais 528 écus, suivie du mépart et ordonnance que ladite somme de 460 écus sera mise le 25 août même mois entre les mains de Gaspard Leprince, receveur de l'Election, pour la porter au receveur général des finances à Dijon.

1585. — Les commissaires envoyés par le Roi dans les provinces pour les visiter « et s'informer diligemment comme toutes choses s'y passoient », lui avaient rendu compte dans l'assemblée de Saint-Germain-en-Laye, en 1584, « qu'outre les foulles et charges du passage des gens de guerre, ils sont grandement surchargez d'imposts; » alors le Roi voulant y remédier se fit présenter le tableau détaillé des besoins de l'Etat, dont il fait une longue énumération dans ses lettres, et d'où il résulte que malgré sa bonne volonté il est forcé de continuer de lever sur les villes closes et sur le plat pays du royaume les mêmes sommes que les années précédentes. En conséquence, la Bourgogne est cotisée à la somme de 27,266 écus 2/3, outre le taillon ordinaire (4 février 1585). Mais les Etats de Bourgogne, au reçu de ces lettres, adressent des remontrances au Roi sur les grandes charges et la pauvreté du pays, en le suppliant de les exempter de l'imposition annoncée. — Refus du Roi d'accueillir la requête des États. — Cependant ceux-ci ajournent encore la levée de l'impôt, espérant par de nouvelles insistances obtenir quelque réduction. Mais leurs sollicitations furent mal reçues, et le Roi écrivit à ses trésoriers généraux en leur témoignant tout son mécontentement des retards mis par les Élus à exécuter ses ordres et en les invitant « d'admonester ces derniers de réparer cette faute ». Les Élus furent enfin obligés de s'exécuter et ils envoyèrent à leurs collègues d'Auxerre la relation de l'affaire, en les invitant à reporter sur les villes de l'Election la somme de 650 écus, et sur le plat pays 550 écus (5 juin 1585). — Voy. à l'Appendice, n° 5.

Octrois accordés au roi dans l'assemblée des États de Bourgogne.

Depuis le règne de Henri II jusqu'au temps que nous étudions, nous voyons que le roi demandait de 3 ans en 3 ans un octroi de 120,000 livres, et en outre la solde des maréchaussées. Mais la libéralité des Etats ne s'étendait guère au delà de 50,000 livres. Nous avons sous les yeux l'octroi de 1581. Par ses lettres du 12 avril 1581, le roi, s'adressant au duc du Mayenne, son lieutenant-général en Bourgogne, au comte de Charny sous ses ordres, à messire Denis Brûlart, premier président du parlement de Dijon, et à trois des trésoriers généraux installés dans cette ville, leur expose fort compendieusement que, à cause des troubles il a été obligé de lever plusieurs armées ; que malgré la pacification il ne peut encore donner quelque soulagement à son peuple, « estans ses affaires si arriérées et ses finances si diminuées, » et il leur mande de convoquer les trois états de la province à Dijon, le 18 mai suivant, ainsi qu'il est accoutumé de les convoquer de trois ans en trois ans, « et d'y depputer aucuns bons, grands et notables personnages, auxquels ils demanderont la somme qui lui est nécessaire de 40 mille écus ou 120 mille livres. »

Mais les États ne répondirent qu'à demi aux désirs du roi, et ne votèrent que 50 mille livres ou 16,666 écus 2/3, et ils informèrent, le 26 septembre 1581, leurs confrères d'Auxerre que leur cote-part dans cette somme était de 2,333 écus 1/3.

Le mépart fait par les officiers de l'Election est l'imposition particulière de **666** écus 2/3 sur les douze paroisses de la ville d'Auxerre. Les mêmes officiers ajoutent :

« Lesquelles sommes seront levées d'ici au 15 novembre prochain, sur tous et chascuns les manans et habitans de ladite ville et faulxbourgs d'Auxerre contribuables aux tailles, exceptez toutefois nous président et Esleuz, contrerolleur, avocat et procureur du roy, receveurs et greffiers de ladite Eslection, suyvant l'édict ; les gens d'église, les nobles d'hoirie vivant noblement et suyvant les armes, ny les officiers domestiques de Sa Majesté, » etc.

1584. — Trois ans après, nouvel appel du roi aux Etats de Bourgogne par l'intermédiaire des mêmes personnages que précédemment. Le roi prend auprès des Etats un ton affectueux et insinuant :

« Nostre délibération estoit, si tost qu'il pleut à Dieu nous appeller à ceste coronne, de pourveoir avant toutes choses au soullagement et décharge de nostre pauvre peuple et subjects, et sachans combien ils en avoient besoing pour les grandes et diverses afflictions et calamitez qu'ils avoient endurées et souffertes par les troubles, guerres et divisions qui avoient eu cours et longuement continué plusieurs années auparavant : A ceste fin, nous aurions, incontinant que nous eusmes avec la grâce de Dieu appaisé la guerre que nous trouvasmes à nostre retour de Pologne en cestuy nostre royaulme, faict assembler les Estats-généraux d'iceluy en nostre ville de Bloys. Mais nostre directe intention fut aussitost renversée et empeschée par les nouveaux remuemens de guerre et troubles qui furent lors suscitez, lesquelles nous suscitèrent en très grandes et insupportables despenses, de sorte qu'il nous a esté impossible pour ces occasions et pour les autres affaires et divertissemens qui nous sont survenuz, comme chacun scet, effectuer nostre bonne volonté à l'endroit de nosdiz subgectz. »

Le roi continue sur ce ton ; il parle des retranchements qu'il a apportés dans le service de sa maison et de celle de la reine. Il énumère toutes les dépenses générales nécessaires au service de l'état en fait de choses de guerre et de services civils. Et comme il a cherché en vain un moyen d'y faire face il n'en a pas trouvé de plus expédient que celui de recourir « à ses bons et loyaux subgectz de Bourgogne, etc... » Il leur demande ensuite de lui octroyer, du jour de ses lettres au 31 décembre suivant, la somme de 40,000 écus, ensemble ce qui est nécessaire « pour le payement des prévosz de noz cosins les mareschaux de France, leurs lieutenans, greffiers et archers, ordonnez pour garder de foulle et oppression le peuple desdiz pays. »

Les États réunis au mois de 1581 accordèrent seulement au roi 16,666 écus de don gratuit, et 10,000 autres écus pour les gouverneurs et lieutenants de Sa Majesté en Bourgogne, et autres personnes portées aux cahiers des délibérations des Etats.

La cote-part de l'Election d'Auxerre fut de 2,455 écus.

Le mépart porte cette mention :

Auxerre « ayant égard à la mortalité qui a régné puys ung an et demy et règne encores de présent en ladite ville, et sans tirer à conséquence » : la somme de 687 écus 15 s.

Total, 2,585 écus avec les frais.

1580. — *Levée de Pionniers pour mener à Châlon-sur-Saône et de là au camp du Dauphiné.*

Le roi, en s'adressant le 21 juillet 1580 au duc de Mayenne, gouverneur de Bourgogne et aux Etats de la province pour en obtenir la levée de mille pionniers destinés à l'armée du Dauphiné qui marchait contre le duc de Lesdiguières, chef de l'armée des Réformés, renfermés dans La Mure, leur fait un tableau intéressant de sa situation et de la nécessité où il est de faire cette levée en Bourgogne, qui vient compléter d'autres levées du même genre déjà faites dans le Dauphiné et les pays voisins (1).

Voici le texte même de la lettre royale (2) :

« Chacun sait que par tous moyens de doulceur nous avons mis peine à l'entretenement de l'édit de pacification, ce néantmoins nous voyons n'y avoir pas beaucoup proffitté, estans noz ennemiz si endurciz en leurs malheureuses conspirations qu'ilz ont témérairement reprins les armes contre nous, oubliant l'obéissance qu'ils nous doibvent, troublent nostre estat et le repos de nostre pauvre peuple; ce que con-

___

(1) Le duc de Mayenne, après avoir pris La Mure, soumit entièrement le Dauphiné. (*Sismondi*, t. 19, p. 534.)

(2) Cette pièce a été publiée dans le *Recueil des édits, déclarations, etc.*, par l'ordre des Élus de Bourgogne, Dijon, 1787.

sidérant, nous sommes, à nostre très grand regret, contrainctz et forcez mettre sus plusieurs grandes armées pour résister à leurs malins desseings et voluntez. Avec lesquelles, moyennant la grâce de Dieu sur lequel est fondé nostre appuy, nous espérons les ruyner et réduirc en nostre obéissance. Et pour y pourveoir nous faisons marcher en campaigne en nostre province de Daulphiné l'une de nosdites armées, de laquelle nous avons faict et esleu pour conducteur et chef vous nostre dit cosin le duc de Mayenne. Et d'aultant qu'il est nécessaire que nostredite armée soit accompaignée de bon nombre de pièces d'artillerie et du train et bande d'icelle, pour le tiraige et conduite de laquelle, ensemble des pouldres, boullets et aultres munitions, approches de villes et tranchées, il est nécessaire faire lever un bon et grand nombre de pionniers, oultre ceulx que nous avons ordonné estre levez audit pays de Daulphiné, Lyonnois, Forestz, Beaujoloys et Bourbonnois, pour ces causes nous vous prions et néantmoins commandons et expressément enjoignons par ces présentes que incontinent icelles receues, et en la plus grande diligence que faire ce pourra, vous ayez à faire lever et levez en nostre dit pays du duché de Bourgongne, sur tous les contribuables à nos tailles d'icelle, le nombre de 1,000 pionniers, y compris 60 charpentiers et 30 cyeurs de long, hommes forts et experts à ce mestier, rescéans et domiciliez: garniz des ustilz et habits portez par le règlement dont nous vous envoyons coppie collationnée à l'original, la teneur duquel vous ensuyvrez à ladicte levée. » — De plus le roi ordonne la levée de 3,500 écus, somme nécessaire à la nourriture et entretien desdits pionniers, charpentiers, etc., pour 2 mois.

Il recommande « d'envoyer hastivement lesdits pionniers à son camp du Dauphiné à M. de la Guiche, grand-maître de l'artillerie, avec le rôle desdits pionniers, lesquels seront conduits par un des Elus dedans le 27 août prochain avec ladite somme de 3,500 écus pour leur solde et vivres pendant les deux mois, laquelle somme sera remise au trésorier général de l'artillerie pour en faire le paiement accoutumé. »

Le roi recommande de les faire loger et vivre pendant la route aux frais du peuple, « à la moindre foulle que faire se pourra. »

Le prix d'achat des outils et des vêtements des pionniers et leur nourriture, depuis le jour de la levée jusqu'à l'entrée au service du roi, ne doit pas dépasser 4 écus pour chaque pionnier.

Le tout sera imposé, etc. — 21 juillet 1580.

Suit la lettre des Elus du 10 septembre 1580, à leurs « frères » du comté d'Auxerre pour l'exécution de la levée, portant que la levée a été réduite par délibération des États à 300 pionniers, ce qui fait monter le nombre des pionniers imposés sur le comté à 26 « habillez d'un hoqueton à manches, d'une paire de chausses, d'ung pourpoint et deux chemises, le tout de toille, ung bonnet ou chapeau de coleur rouge, une paire de soulliers, une douzaine d'esguillettes de cuyr et une cinture ; sur lesquelz hoquetons seront cousues la première et dernière lettre du nom de vostre Eslection et une croix verte de chascun costé. L'un desquelz pionniers aura ou portera une enseigne de taffetas rouge et la croix blanche au milieu, qui luy sera fournie par ceux dudict comté ; comme aussi aura une espée avec ladicte enseigne, et une serpe à sa cinture. Et outre ledict porte-enseigne y aura deux charpentiers portans chacun une grande coignée et une tairière d'un poulce et une besagüe dict bec-aigu. Et les autres porteront lochets, pelles ferrées, picz et hoyaux, lesquelz hoyaux seront du poids de 4 livres chacun ; et tous lesdiz ustilz bien forgez et de bon fer bien acérez et emmanchés de bon bois de fresne, ayant les manches desdiz picz et hoyaux troys pieds de long pour le moins ; et la somme de 156 écus sol, pour vostre portion desdictes nourriture, solde et frais. » Les pionniers doivent être conduits à Chalon-sur-Saône, le 2 octobre suivant, et remis au commissaire-général Jean Fleutelot.

Les Elus du Comté d'Auxerre font le « mespart » des 26 pionniers et des 156 écus :

Auxerre, 8 pionniers, savoir : l'enseigne, 1 charpentier et 6 manœuvres et 70 écus.

Le reste du Comté à proportion.

Total : 26 pionniers et 300 écus sol.

Mais comme la ville d'Auxerre, avait lors du siége de La Charité, fait préparer des habits et des outils pour 100 pionniers, et le siége ayant été levé « par la volonté de Dieu et les affaires pacifiées, » ils avaient gardé jusqu'alors lesdits habits et outils ; les maires et échevins demandèrent à M. Chabut, Trésorier-général, la permission d'employer une partie desdits habits et outils pour les 26 pionniers, et de vendre le surplus ;

Ce que ledict Trésorier-général, alors à Auxerre, leur permit.

Role et monstre desdits pionniers.

ENSEIGNE.

Nicolas Petit, enseigne de taffetas jaune et bleu avec une croix blanche de taffetas, un goué, une épée et un tabourin.

CHARPENTIERS.

Pierre Clerjon, de Saint-Père d'Auxerre, charpentier, ayant une grande coignée, une besaigue et une tairière d'ung poulce.

Jean, de la Planche de Cravant, id.   id.

PORTEURS DE LOCHETS ET D'UN GOUÉ (1).

Trois porteurs de lochets et de goué.

PORTEURS DE PICS ET HOYAUX ET D'UN GOUÉ CHACUN.

Dix hommes.

PORTEURS DE PELLES FERRÉES.

Dix hommes.

Ces hommes sont attribués à Auxerre et à divers pays du Comté.

« On leur a distribué les ustilz ci-dessus, et à chacun d'eux une casaque de drap jaulne et violet, ayant deux croix blanches, l'une devant et l'autre derrière, et deux lettres aussy devant et derrière qui sont A et E, qui signifient la première et la dernière lettre du nom d'Auxerre ; ung chappeau jaulne avec son cordon, ung hault de chausses en façon de marines avec le bas, le tout de drap jaulne et bleu, deux chemises de thoille et ung pourpoint aussy de thoille, une ceinture de corps, douze esguillettes, une paire de soulliers avec une paire de guestres de treillis. Lesquelz enseigne, tabourin, ustilz et habitz ont esté tirés du magazin de la ville d'Auxerre, lequel habit dudict enseigne est de drap ou estamet bleu en façon de mandille marquée de croix blanches et de lettres comme les aultres cy dessus. Les chausses en forme de garguesses et le bas de semblable coleur. Lesquels enseigne, charpentiers et pionniers ont été délivrés à Etienne Legrand, sergent royal à Auxerre, le 7

____

(1) Un lochet était une espèce de hoyau le goué est une grosse serpe.

octobre 1580, pour les conduire à Châlon-sur-Saône et délivrer à M. Jean Fleutelot, avec la somme de 156 écus pour la nourriture desdiz pionniers pour deux mois. »

Solde de 40 arquebusiers à cheval de la garde du duc de Mayenne, gouverneur en Bourgogne.

Disons deux mots seulement sur cette garde du duc de Mayenne. Les Etats lui avaient voté en 1580, pour trois ans, 40 arquebusiers à cheval et un capitaine. Celui-ci recevait 600 livres de gages et chaque soldat 200 livres par an. Le roi permit, par ses lettres du 11 mai 1580, de jeter cette somme sur le produit de la vente du sel dans les greniers, « attendu que ladicte garde est establie tant pour le bien de nostre service que pour le soullagement de nos subjectz, qui seroient comme ilz souloient estre vexez parles gens de guerre et autres passant en armes audict pays, sans nostre auctorité. »

Les Elus du Comté d'Auxerre ayant reçu de ceux de Dijon l'avis de l'imposition de 3,000 livres à mettre sur les greniers et chambres à sel du comté, ils mandèrent devant eux le 27 janvier 1580, les officiers des greniers à sel de Cravan et d'Auxerre, les seuls du Comté, et arrêtèrent avec eux qu'il serait levé 7 s. 6 d. t. sur chaque minot de sel vendu, jusqu'au recouvrement des 3,000 livres.

Extinction des subsides de 5 sous et de 15 sous par muid mis sur le vin en Bourgogne.

L'impôt sur le vin a toujours été en Bourgogne un moyen facile, tout trouvé pour les souverains, de battre monnaie, Aussi le voit-on, dès les premiers temps des impôts généraux, établi, puis supprimé, puis rétabli encore. Ça été également souvent la cause de soulèvements des peuples contre les agents de la perception. Au milieu du xvi⁰ siècle, l'extinction, puis le rétablissement de cet impôt sur le vin offrent quelque chose de déplorable pour la dignité du souverain.

En 1562, il est éteint, et les lettres patentes qui consacrent cet acte sont enregistrées au parlement de Dijon (13 juin 1562). Mais six ans après, les troubles qui désolent le royaume font rétablir l'impôt du vin, que les Etats s'empressent de racheter au mois de septembre 1568. Ces rachats ne coûtèrent pas moins de 200,000 écus à la province. En

1580, nouvelles instances des Etats pour obtenir encore l'extinction de l'impôt du vin qui avait été rétabli en 1574. Le roi y consent, et dans ses lettres du 2 octobre 1580 il déclare que c'était à son très-grand regret, pour subvenir à l'urgente nécessité de ses affaires et pour remédier aux troubles excités dans son royaume par les perturbateurs du repos public, qu'il avait été obligé « de remettre sus le subside du vin pour six ans. » Et il ajoute que : « vu que les vignes desdiz pays ne produisent pas de quoi payer les façons, que d'ailleurs depuis la dernière extinction ils ont esté vexez des passages réitérez de la gendarmerie, et des Reitres et des Allemands, et surchargez d'autres impostz extraordinaires, » il décharge à perpétuité ses sujets dudit droit, et accepte en échange l'offre que lui font les États de 50,000 écus sur le prix du sel vendu en Bourgogne pendant six ans.

Ces lettres importantes furent enregistrées au parlement et à la Chambre des comptes de Dijon.

Ensuite, les Elus des Etats adressèrent à leurs confrères le chiffre imposé sur le Comté d'Auxerre qui montait à 800 écus, à prendre sur les greniers à sel, et payable en 6 ans à partir du 1er janvier 1581.

Les lettres de commission des Elus furent lues et publiées aux premières ouvertures des greniers d'Auxerre et de Cravan. La taxe mise sur chaque minot de sel (1) fut de 7 s. 6 d., du 1er janvier au 30 septembre, d'après l'avis de J. Rousselet et Claude Petifou, grenetier et contrôleur du grenier d'Auxerre, « sauf à augmenter ou à diminuer la taxe sur le quartier d'octobre, novembre et décembre, si faire se doit. »

Ces officiers du grenier estiment qu'il se vend en moyenne 60 muids de sel par an au grenier d'Auxerre et 30 muids au grenier de Cravan ou 432,000 livres de sel.

Après le paiement de ce rachat les Bourguignons devaient se croire exonérés pour longtemps de tout impôt sur leurs vins. Point du tout ; l'année suivante (juillet 1581), le roi mit un nouvel impôt sur le vin et bien plus lourd que le premier : au lieu de 5 sous il est de 15 sous par muid !

____

(1) Le minot de sel, mesure de 11 pouces 9 lignes de haut sur 1 pied 2 pouces 8 lignes de diamètre, pesait 100 livres. Il fallait 4 minots pour un setier et 12 setiers pour un muid, ou 48 minots dans le muid.

C'est au nom de la nécessité qui le poursuit que le roi se justifie pour ainsi dire de son décret.

Les Bourguignons poussèrent les hauts cris, se prétendant exempts en vertu de leurs priviléges et des promesses qui leur avaient été faites. Mais le roi fit la sourde oreille « vu la nécessité de nos affaires, en laquelle les troubles de ce royaulme nous auroient constitué, » et il permit par lettres du 13 mai 1582 de convoquer vingt personnes de chaque état pour aviser des offres qu'ils voudraient faire pour l'extinction entière dudit subside. Mais dans cette assemblée il ne fut rien décidé, attendu qu'on y objecta qu'elle n'était pas assez nombreuse pour obliger tout le pays. Cependant le Clergé et le Tiers-Etat furent d'avis d'offrir au roi 50,000 écus payables en 6 ans, à prendre sur le sel vendu aux magasins.

Le roi, informé de ce vote, l'approuva, et pour éviter à ses sujets la fatigue et les frais d'une nouvelle assemblée des Etats, et recevoir promptement le secours qu'il attendait, accepta ladite offre de 50,000 écus et abolit encore une fois à perpétuité le subside sur le vin, avec force attestations et promesses de ne jamais le rétablir, cassant les lettres du mois de juillet 1581 comme contraires aux priviléges de la province et aux édits précédents. L'impôt fut mis sur le sel et s'éleva à 8,333 écus 1/3 par an. Toutes les cours reçurent l'ordre d'enregistrer les lettres du roi.

Les Elus généraux écrivirent le 4 septembre 1583 à ceux d'Auxerre pour leur prescrire d'exécuter ce qui était convenu, et de répartir sur le comté la somme de 4,800 écus, dont 800 pour la première année et par avance, demandés par le roi, le surplus étant payable en cinq ans à compter du 1er janvier 1584.

Les grenetiers des greniers d'Auxerre et de Cravan reçurent l'ordre de lever 16 sous par minot de sel à compter du 1er janvier 1583.

    « *Equivalent et commutation de l'imposition de 12 deniers*
      t. pour livre, levée sur les marchandises vendues et débi-
      tées en l'Eslection d'Auxerre moyennant la somme de
      800 escus par an. — 1583. »

    « Le 27 septembre 1579, les habitants d'Auxerre réunis en assemblée générale à l'hôtel et maison de ville, pardevant Germain Leclerc, lieutenant-général au bailliage, pour procéder à l'élection des échevins, ont pris une délibération tendant à demander au roi l'extinction du droit des petites et menues fermes royales qui se lèvent en ladicte ville d'Auxerre, non pour le profit du Roy, mais pour vexer et travailler le peuple et estrangers qui arrivent en ladicte ville, et leur remplacement par un équivalent qui seroit jeté avec le taillon de ladicte ville et fauxbourgs. »

La requête adressée à S. M. fait ressortir les dommages que les droits perçus sur les marchandises par les fermiers causent à la ville et aux villages des environs d'Auxerre; les habitants se plaignent des tracasseries des fermiers et demandent donc la suppression de ces taxes (voir à l'Appendice, n° 3).

Les Trésoriers-généraux, consultés en conséquence, demandèrent au préalable à connaître le consentement de toutes les villes et villages de l'Election, et à combien montait le produit des fermes (3 février 1582).

Les villes et les villages prirent alors les délibérations demandées, comme on peut le voir au registre de maître Goureau (1).

On fournit ensuite le produit moyen depuis six ans de l'amodiation dans la ville d'Auxerre des impositions exploitées par la ferme, qui s'élevait à 466 écus 2/3 par an (2).

Le produit moyen des mêmes taxes sur les villes et villages étaient de 174 écus 1/3.

Le 14 janvier 1583, les Trésoriers-généraux adressèrent au roi leur avis longuement motivé sur l'affaire ci-dessus, et contenant une conclusion favorable à la proposition de mutation d'impôt et en établissement d'une taxe fixe de 1,000 écus, pour deux raisons, disent-ils: la première, que les deniers desdites impositions, qui sont de revenu variable, seront certains et sans aucune diminution; la seconde, que nonobstant que la moyenne des produits soit pour l'une des six années de 644 écus 15 s. 6 d. seulement, elle sera augmentée de 359

______

(1) fo 189, vo.

(2) Les matières imposées étaient : le bois ouvré ou non ouvré, le poisson d'eau douce, les blés et grains, la panneterie, la fricauderie, l'épicerie et la mercerie, la draperie, les cuirs tannés et à tanner, les bêtes à pied rond et à pied fendu, la boucherie, la pelleterie, les selliers, bourreliers et potiers d'étain, la cordonnerie, les huiles et les graisses, la friperie, la pierre-plâtre, les foins et pailles.

écus pour le profit du roi, « et que le payment de cette augmentation n'affectera point les habitants de ladicte ville, Comté et Eslection, pour le proffiet qu'ils ressentiront d'avoir le commerce de marchandises plus libre et fréquent qu'ils n'ont de présent, et si demeureront relevez de vexations et procès. »

Le roi, ayant pris l'avis de son conseil, « ayant égard à la requête des habitants de la ville et Comté d'Auxerre, et considérant que les aydes n'ont lieu en nostre duché de Bourgogne à laquelle ladicte Comté et Eslection d'Auxerre est tenue et incorporée quant aux estats de finance et de gouvernement » décharge le pays de l'impôt de 12 deniers par livre et le remplace par un équivalent de 800 écus par an, les droits du 8ᵉ et du 20ᵉ sur les vins vendus en gros et en détail, réservés ainsi que l'impôt sur le poisson de mer salé (5 avril 1583).

Les Trésoriers-généraux consentent à l'exécution des lettres ci-dessus, et le 16 août, Mᵉ Philibert Robert, l'un d'entr'eux, procédant à sa chevauchée à Auxerre à la délivrance des baux à ferme de l'Election, les fit lire publiquement, à la demande des maire, gouverneur et échevins de la ville, afin que les enchérisseurs des fermes fussent éclairés. Sur quoi Claude Simonnet, procureur du roi en l'Election, déclara que l'affaire avait été instruite sans qu'il en ait été informé, et qu'il demandait communication des lettres-patentes avant de passer outre.

Alors le Trésorier-général, « vu la réponse des échevins, et ayant demandé aux habitants, présents en grand nombre à la délivrance des fermes, s'ils vouloient et entendoient icelles lettres sortir leur plein et entier effect, à quoy ils ont unanimement et d'une mesme voix persisté à l'exécution desdcites lettres, ordonne que l'imposition des menues denrées sera distraite et esteinte et remplacée par l'équivalent de 800 écus, qui se lèvera par chascun an sur les habitants de l'Eslection, etc. »

(Suit la procédure ordinaire.)

Outre les 800 écus de l'impôt, il y eut 247 écus pour les frais de l'impétration, enthérinement et vérification des lettres-patentes et 85 écus, pour les frais de l'assiette.

Taille des Grands-Jours, tenus en la ville de Troyes, en 1583.

Au mois d'août 1583, le roi, ayant résolu de tenir à

Troyes en Champagne, et au mois de septembre, les Assises appelées les Grands-Jours « pour y distribuer la justice plus commodément à noz subjectz tant de ladicte province qu'aultres circonvoisines d'icelle, » et comme la chose pressait, il fit faire par son Conseil le département des frais à supporter par chaque généralité intéressée. Or, les Elections d'Auxerre, Bar-sur-Seine et Mâcon, ressortissant aux dits Grands-Jours, il mande aux Trésoriers-généraux de Bourgogne d'avoir à faire répartir la somme de 1,200 écus à laquelle elles ont été taxées.

Le 4 novembre suivant, les Trésoriers-généraux informent les Elus du Comté d'Auxerre qu'ils auront 500 écus à imposer et à répartir sur les paroisses de leur Election, à compter du 1er octobre, et 80 écus pour frais d'assiette, port, etc.

Pour les receveurs collecteurs des tailles. — 1584.

Le fisc ingénieux à trouver de nouvelles sources d'impôts avait proposé au roi de créer des charges de collecteurs en titre d'office, pour allécher par ce moyen les habitants les plus riches des villages, et sous prétexte « de relever les subjectz du roy des foulles dont ilz estoient grevez en la collecte de la taille et taillon qui leur apportoit une très grande perte, d'aultant qu'estant nommez et choisiz pour exercer lesdites charges, oultre ce qu'ilz estoient destournez de leurs labeurs et privez de touz moyens de nourrir leurs pauvres familles, estoient encore contrainctz sallarier hommes expérimentez au compte et escripture pour faire les recherche et collecte desdiz deniers, à grands fraiz et coustz, n'ayans de ce aulcune expérience et praticque ; de sorte que le plus souvent se trouvoient en arrière de si grandes sommes qu'ilz ne s'en pouvoient rellever et estoient contrainctz par après mandier leur vie. »

Mais les plus avisés des habitants avaient détourné leurs concitoyens d'acheter de pareils offices, et les communautés d'habitants de présenter au roi des candidats. Cependant des offices avaient été achetés en certains lieux, et les communautés proposaient d'en effectuer le rachat. Tout cela amenait de la confusion dans la perception des tailles. Pour y couper court, le roi ordonna à ses Trésoriers-généraux d'enjoindre aux paroisses non pourvues d'offices de collecteurs de nommer « homme vivant et mourant » pour exercer la charge de collecteur. Ces offices avaient été taxés dans le Conseil du roi, et le montant de la charge fut imposé sur les paroisses. Dans l'Election d'Auxerre, douze paroisses seulement n'avaient pas trouvé d'acheteurs de leurs offices de collecteurs; on leur en imposa tout de même le prix, avec invitation de nommer « homme vivant et mourant pour exercer lesdiz estatz. »

On voit ensuite que la mesure fut exécutée sur toutes les paroisses de l'Election. Le rôle de cette imposition, dressé au Conseil à Paris, en 1582, nous apprend que chaque paroisse de la ville d'Auxerre eut un collecteur. Le prix des offices variait suivant l'importance de la paroisse, et, à Auxerre, la paroisse Saint-Eusèbe paya 90 écus; celle de Notre-Dame-la-d'Hors 50, et celle de Saint-Père-en-Château 25. Coulanges-les-Vineuses paya 100 écus, Cravan 130 écus, Vermanton 90 écus, et ainsi à proportion de l'importance du pays.

Réparation du pont de la ville d'Auxerre (29 janvier 1578).

Le roi Henri III, par lettres-patentes adressées aux gens de ses Chambres des comptes de Paris et de Dijon et aux généraux de ses finances à Dijon, les informe que les habitants de la ville d'Auxerre lui ont fait remontrer « que à l'endroit de ladite ville, sur la rivière d'Yonne, y a ung pont basti du temps du feu roy Saint-Loys, pour la commodité de ses sujets tant de ladite ville d'Auxerre, pays de Bourgogne, que des pays étrangers, etc; pour la réfection et entretenement duquel pont le feu roy Loys, par ses lettres-patentes de l'an 1266, auroit voulu ses bourgeois de Paris et autres, même les ecclésiastiques, estre contrainctz de contribuer à la réfection et entretenement dudict pont pour les vignes et terres qu'ilz avoient au finaige dudit Auxerre; lequel pont, tant par antiquité que à cause des démolitions qui y ont esté faictes pendant les troubles pour arrester les incursions des rebelles, que du passaige des bapteaux chargez de sael montant par-dessoubz icelluy pour le fournissement des greniers dudict pays de Bourgongne et aultres lieux, vins, marées, boys de flotte et boys perdu qui se jecte sur ladicte riviere pour amener en nostre dicte ville de Paris et aultres villes, est grandement endommagé et menasse prompte ruyne sy de brief n'y est pourveu, qui seroit dommaige inestimable. Pour à quoy obvier le roy Charles, nostre très honnoré seigneur et frère, voulant donner moyen auxdiz habitans de réparer lesdictes ruines et entretenir ledict pont, par ses lettres-patentes du mois de décembre 1569, leur avoit permis de faire lever, durant six ans, sur chacun grand muid de sel, mesure de Paris, passant soubz ledict pont et perthuis de Monéteau proche d'icelluy, 60 sols t. et 100 s. sur chaque grand muid de sel qui seroit vendu au magazin dudict Auxerre. »

Les lettres ajoutent que par une visite faite du pont il a été constaté que les réparations monteraient à 30,000 livres. Mais, malgré toutes les vérifications, les lettres du roi ne furent pas exécutées complétement, de sorte qu'en 1578 les réparations montaient à 52,000 livres. Alors les habitants demandèrent au roi d'imposer sur tout le bailliage d'Auxerre et les lieux circonvoisins la somme de 26,000 livres, en six ans, sur les deniers d'octroi desdits 60 sous par muid de sel passant sous lesdits pont et pertuis de Monéteau, et 100 s. par muid de sel vendu au grenier d'Auxerre. — Le roi accorda ce qu'ils demandaient et ordonna à ses gens des Comptes de faire faire l'imposition sur la présente année et la suivante, par le bailli d'Auxerre, sur les habitants d'Auxerre et du bailliage contribuables aux tailles, de la somme de 20,000 livres ; et, de plus, le roi accorda aux habitants d'Auxerre de prendre 20 autres mille livres sur l'octroi de 40 s. par chaque grand muid de sel passant sous leur pont, et 100 sur chaque muid de sel qui serait mis au magasin de cette ville, pendant 6 ans seulement.

Les sommes ainsi recouvrées devaient être mises ès-mains d'un « bon et notable bourgeois, solvable, par les mains duquel elles seront employées aux réparations dudict pont par les ordonnances des maire et échevins de la ville d'Auxerre, en la présence desquels lesdictes réparations seront bailliées au rabais et judiciairement, pardevant le bailli d'Auxerre. »

Jean Jacquot, général des finances en Bourgogne, consent, le 22 mai suivant, la mise à exécution desdites lettres et se réserve de vérifier « à l'œil si tous lesdiz deniers d'octroy auront esté deuement employez esdites réparations, et dont sera dressé estat au vray pour estre rendu compte en la Chambre des comptes de Dijon, » et il prescrit au bailli d'Auxerre de procéder à l'assiette de ladite somme de 20,000 livres et à l'adjudication au rabais des travaux du pont.

Mais les Elus de l'Election d'Auxerre formèrent opposition à la Cour des aides à l'exécution desdites lettres-patentes, parce que le procureur du fait commun de la ville avait fait procéder, malgré les défenses desdits Elus, à l'assiette dudit impôt par le lieutenant particulier du bailliage sans que le contrôleur de l'Election y ait assisté, ce qui était contraire aux Edits. La Cour, sur l'appel des Elus, portant qu'à eux seuls appartient la connaissance de tous deniers qui se lèvent en l'Election d'Auxerre, et que le département en question devait être fait par eux, maintint cependant l'opération faite par le lieutenant du bailli, à la charge qu'avant aucune levée d'impôt, les rôles seraient vérifiés par les Elus et le contrôleur, et que la somme à lever serait mise entre les mains du sieur Cochon, receveur de l'Election, pour être par lui employée selon la teneur des lettres-patentes, et sur les ordonnances et mandements des maire et échevins d'Auxerre. (23 décembre 1578)

Après plusieurs arrêts de la Cour des aides qui règlent divers incidents, le mépart a lieu en la Chambre du conseil, à Auxerre par le lieutenant particulier, les Elus et le contrôleur, en présence des gens du roi, du 24 au 27 juillet et du 2 au 9 août 1579.

Nous donnons à l'Appendice le rôle de l'impôt avec la liste de toutes les communautés qui composaient le bailliage d'Auxerre. On y verra que l'étendue de cette juridiction était considérable, et avait pour limites au sud Vézelay et la Loire à Cosne, à l'ouest Toucy et au nord-ouest la vallée d'Aillant, etc.

(Voyez l'Appendice, n° 4).

Imposition sur l'Election pour payer les gages des recteur et régents des Grandes Ecoles de la ville d'Auxerre, et la réparation des bâtiments.

Une dépense qui est au XVIe siècle placée dans les charges générales est celle des Grandes Ecoles d'Auxerre. Ces écoles, établies au plus tôt en 1538 (1), ayant été organisées sur un plan général, furent considérées plus tard comme une sorte de lycée, et leur entretien fut imposé à tous les pays qui profitaient de l'instruction qui y était donnée.

Le registre de maître Goureau renferme sur ce sujet de précieux documents et de curieux détails sur la gestion des affaires publiques. Nous allons les analyser.

Voici d'abord la délibération prise par l'assemblée générale des habitants d'Auxerre :

(1) Chardon, *Hist. d'Auxerre*, I, 296.

« Du dimanche 28e jour de janvier l'an 1582, par nous Germain Leclerc, conseiller du roy et lieutenant général au bailliage d'Auxerre, en l'assemblée générale tenue en l'hostel de ville d'Auxerre par ordonnance de justice, en suyvant la conclusion des manans et habitans de la ville d'Auxerre du 26e jour du présent moys, en laquelle estoient honnorable homme et saige Me Jehan Girard, avocat du roy, avec plusieurs habitans et citoyens de ladite ville, tant de justice, marchans, vignerons, que autres marchans et bourgeoys de ladite ville ; les maire, gouverneurs et eschevins et procureur du faict commun, présens et assistans : Les affaires de ladite ville mises en délibération, tant pour l'entretenement d'un recteur des grandes escolles de ladite ville et deux régens avec luy pour le moins, eu esgard à l'affluence de la jeunesse tant de ceste ville que lieux circonvoisins, afin de les instruire ; aussy pour réparer les bastiments estans esdites grandes escolles, qui sont sy ruynez que lesdiz régens et escolliers n'y peuvent commodement résider ;

« Ensemble pour l'extinction des fermes en un équivallent, suivant la requeste présentée à Sa Majesté à ce que le commerce soit libre tant en ceste ville que es villes et villages de ceste Eslection et Comté, selon se qu'il a esté cy devant conclud ;

« Le tout bien et meurement délibéré, a esté conclud que le roy sera supplié de permettre auxdiz manans et habitans d'Auxerre de lever par chaque minot de sel vendu ou exposé en vente au grenier à sel dudit Auxerre, et en celuy de Cravan qui puis naguères a esté tiré de celuy d'Auxerre, 12 d. t. qui seront employez à la pension desdiz recteur et régens, ou bien sur chacune flotte de bois passant soubz le pont dudit Auxerre, 5 s. ; sinon leur permettre de lever sur les habitans d'icelle Eslection subjectz aux tailles la somme de 200 livres t. par chacun an, le fort portant le foible, et par forme de taille, pour une foys, telle somme qu'il sera advisé pour la réfection des bastiments desdites grandes escolles, et selon la visitation, laquelle à ceste fin sera faicte par notables et gens expérimentez qui en feront rapport pardevant nous, pour estre présenté à Sa Majesté affin de recepvoir son bon plaisir et volonté ;

« Seront au surplus MM. les Trésoriers-généraux de France establiz à Dijon priez de bailler adviz sur la requeste présentée au roy pour commuer lesdictes fermes en un equivallent.

Et en sera l'expédition poursuyvie par tous les plus expédients moyens que faire ce pourra pour rendre le pays libre et immune desdites fermes et aydes (1) qui ne servent que d'empescher le commerce et traffic des marchans en ce pays et le rendre champestre. — Ainsy signé, COQUARD. »

Le roi approuva la requête des Auxerrois, et par ses lettres du 27 avril 1582 aux Trésoriers-généraux de Dijon, qui sont le point de départ de la création d'un impôt pour les grandes écoles d'Auxerre, il autorisa un impôt de 200 livres par an sur les greniers à sel d'Auxerre et de Cravan, et de la somme nécessaire aux réparations des écoles. Une nouvelle délibération des habitants, du 15 août même année, confirma la précédente et porta que les 200 livres demandées pour l'entretien du recteur et des professeurs seraient joints à la taille ordinaire ; et quant aux frais des réparations il y serait également pourvu pour une fois par le même moyen. On trouve sur le registre le devis de ces réparations qui montent à 558 écus 2/3, et qui montrent le mauvais état dans lequel étaient les bâtiments.

Un second mépart 1° de 279 écus 10 s., somme restant à payer sur les 558 écus 1/3 à laquelle les réparations utiles et nécessaires des grandes écoles ont été liquidées le 10 février 1583 ; 2° de 70 écus 2/3 pour les gages des régents en 1584, et 3° pour d'autres travaux urgents, montant en somme à 458 écus 2/3 10 s., fut de nouveau imposé sur lE'lection en 1584, mais déjà l'année précédente les habitants de St-Bris, Cravan, Coulanges-les-Vineuses et Vermanton avaient formé opposition à la Cour des aides à cet impôt. Les Elus ordonnèrent de suspendre la perception sur ces villes jusqu'à ce que leur opposition fût vidée.

Les habitants de ces lieux obtinrent en effet gain de cause, et une ordonnance du roi, du 15 juillet 1584, défendit d'imposer sur eux aucune taxe pour la réfection des grandes écoles d'Auxerre, « sur les remontrances par eux faites qu'ilz ont des colléges, escolles, recteur et régens. »

En 1585, nous voyons se continuer l'imposition des gages du recteur et des régents des grandes écoles d'Auxerre, toujours en vertu des lettres-patentes du 27 avril 1582. Les deniers de la recette, répartis sur les paroisses de l'Election, furent versés aux mains de Hélie Mamerot, receveur des de-

____

(1) Cette question a été réglée à part, *Voyez* p. 139.

niers communs d'Auxerre, le 1er mars, « pour être par luy fait payement auxdiz recteur et régens, selon l'ordonnance des maire, gouverneur et échevins, à la charge d'en rendre compte pardevant les Elus, etc. » La ville d'Auxerre y contribue pour 38 écus 2/3.

IV

IMPOSITIONS LOCALES SUR LES COMMUNAUTÉS D'HABITANTS.

Après l'impôt général du taillon, les impôts sur les vins, les aides sur la vente des marchandises, les taxes diverses pour les armées à l'occasion de la guerre, etc., viennent les impositions locales destinées à payer les dettes, à réparer les murailles, les ponts, les rues des villes et des villages, et à Auxerre, à payer la réfection des fontaines. Nous avons encore aujourd'hui cette espèce d'impôt dans les impositions communales autorisées par décrets spéciaux.

Au XVIe siècle la préoccupation continuelle des habitants des villes et des villages était de se mettre à l'abri derrière leurs murailles des attaques des ennemis qui se présentaient tantôt sous l'habit des Reitres, tantôt sous celui des Huguenots ou de coureurs sans drapeau.

L'analyse des actes de ce genre que renferme le registre de maître Goureau formera la quatrième partie de notre travail.

La procédure suivie pour ces sortes d'affaires consiste dans les opérations suivantes :

Dans les villages, les habitants réunis sous la présidence du bailli ou de son lieutenant, prennent une délibération sur l'objet de l'impôt, puis ils adressent au roi requête expositive des motifs qui les obligent à s'imposer.

Le roi répond en adressant aux Elus d'Auxerre des lettres-patentes pour les inviter à mettre un impôt sur les habitants. Les Elus envoient en conséquence aux procureurs et échevins des lettres de permission; quelquefois les lettres-patentes sont adressées aux Trésoriers-généraux des finances à Dijon, pour faire imposer ensuite par les Elus locaux.

Lorsqu'il s'agit de travaux importants, les Elus se réservent de les visiter eux-mêmes après achèvement. A la fin des opérations, les collecteurs rendent compte aux Elus.

Dans la ville d'Auxerre les assemblées générales sont ordinairement présidées par le maire, et dans les cas plus importants, par le lieutenant général du bailliage.

Auxerre (1578). — Une partie des murailles élevées près de la porte Saint-Siméon était tombée, et formait une brèche de 40 toises de long et 6 toises de haut. Jean de Saulx de Tavannes, gouverneur de la ville et comté d'Auxerre, écrivit aux maire, échevins et principaux habitants pour les inviter à faire réparer ces murs dans le plus bref délai et à élever une tour au coin de la brèche, « veu le péril que vous peut apporter ladicte bresche. » (13 mai 1576). Un impôt de 2,000 livres, somme estimée nécessaire, fut mis sur les douze paroisses de la ville et sur les non exempts de tout ordre. Les frais s'élevèrent à 307 livres.

Les fontaines d'Auxerre ont été de tout temps l'objet de la sollicitude des habitants de cette ville. Etablies en 1495, lorsqu'on amena à Auxerre une partie des sources du village de Vallau, ces fontaines ne tardèrent pas, faute d'entretien des tuyaux, de cesser de couler et la ville se vit, au milieu du xvie siècle, privée à peu près d'eau.

Cependant les habitants demandaient incessamment la restauration de l'aqueduc; et la paix ayant été rétablie dans le pays, ils résolurent en assemblée générale tenue le dimanche 26 avril 1579, d'exécuter cet important travail et d'obtenir à cet effet des lettres-patentes pour imposer sur tous les habitants exempts ou non exempts 2,000 livres, chiffre auquel montait le projet de restauration dressé par François Carrier, fontainier demeurant à Mussy-sous-Mâcon, et le marché passé avec lui. Ce marché est demeuré inconnu jusqu'ici, même au savant M. Chardon, auteur d'une notice historique très complète sur les fontaines d'Auxerre.

(Voyez l'Appendice, n° 2).

Ils avaient eu soin, dans leur exposé, de faire valoir « que de tout temps et ancienneté, pour l'usage et conservation de la santé desdiz habitans y a eu abondance d'eaues de fontaines conduites et amenées des environs de ladicte ville par canaulx et conduictz, lesquelles, pour la malice du temps et faculté d'entretenir les aqueducz ont diverty leurs cours ailleurs, tellement que lesditz habitans souffrent à présent grandes incommoditez pour nestre les eaues de la rivière d'Yonne assés salubres pour leur usage;

« A quoy désirans remédier, auroient d'ung commung consentement advisé faire conduire l'eaue d'une belle fontaine qui flue et coulle au lieu de Valan, distant dudict Auxerre d'une grande lieue, » etc.

Les habitants obtinrent en conséquence des lettres-patentes du 27 mai 1579, et les Elus et le contrôleur sur le fait des aides et tailles en la ville, Comté et Election d'Auxerre, autorisèrent le 12 juin suivant le maire et les échevins à faire ladite imposition, à la manière accoutumée, par des personnes élues pour en faire la recette, « et dont vous maire et eschevins serez responsables en voz propres et privez noms, » disent les lettres.

Le maire, les gouverneurs et les échevins font ensuite le mépart par paroisses de la manière suivante :

Saint-Eusèbe.	800 écus	Saint-Pélerin. . . .	50 écus
Saint-Père	450	St-Mamert, y compris ceux de Saint-Amatre qui demeurent dans la ville (1)	100
Not.-Dame-la-Dehors	330		
Saint-Regnobert. . .	170		
St-Père-en-Château.	55		
Saint-Loup.	105		

François Le Muet, sieur de Mesvre, receveur des deniers communs de la ville, fut chargé du recouvrement.

Une taille de 1,200 écus destinée à rembourser des deniers rejetés des comptes apurés par la Chambre des comptes à Paris, et cependant employés pour les affaires advenues pendant les derniers troubles, et empruntées de diverses personnes, fut autorisée par le roi qui relate ainsi, dans ses lettres du 30 juin 1580, les motifs allégués par les habitants d'Auxerre : « ..... nous ont fait remonstrer que à l'occasion des guerres passées, et pour s'opposer à la violence des trouppes tant estrangères que aultres qui pilloient et saccageoient es environs de ladicte ville, taschans journellement à se rendre maistres et envahir icelle de nostre obéissance... »

Le registre nous apprend comment chaque créance avait été discutée en présence des échevins et adoptée par les Elus le 19 septembre 1580. Plusieurs sentences du présidial avaient condamné la ville à payer ces dettes.

Boyrot, receveur des deniers communs a fait des démarches et des frais montant à 65 écus pour obtenir des lettres-patentes du grand scel pour la réunion du comté d'Auxerre aux Etats du gouvernement de Bourgogne.

Germain Grail, receveur des aides, avait fourni 220 moules de bois employés pour faire fondre une pièce d'artillerie, appelée la *putte gueule*. — Réglé suivant conclusion du mois de mai 1568.

(1) On remarque que les paroisses des faubourgs ne sont pas comprises dans cette imposition. L'établissement des fontaines ne profitait en effet qu'aux habitants de la ville, et les charges n'étaient mises que sur ceux qui en bénéficiaient.

Le capital et les frais de la taille ont été taxés en la Chambre du conseil de l'Election à Auxerre, en présence des gens du roi, le 21 septembre 1580, à 1,231 écus 2 s. 4 d. t. Sur la requête du procureur du roi défenses sont faites au receveur qui sera commis à la recette de la taille, d'acquitter aucune somme de l'article 1er de l'état des dettes relatif aux dépenses faites aux murailles, que les collecteurs de la taille de la réfection des murailles, et brèches refaites en 1563 n'aient été entendus à la diligence du sieur Seurrat, alors receveur.

Chacune des paroisses de la ville fut imposée à proportion de sa population. St-Père à 320 écus 1/3; St-Loup à 155 écus, et ainsi de suite.

En 1580, les habitants d'Auxerre payèrent encore une somme de 2,496 écus 1/3 8 s 7. d. due à Claude Boyze, François Delye, Claude Buzereau, représentant sa femme auparavant veuve de Claude de Tournay, caution avec Claude Davau, fermier général des aides de l'Election d'Auxerre, pour 5 ans, de 1566 à 1571. Cette dette avait été constatée par arrêts des Cours de parlement et des aides, et les Elus ordonnèrent qu'elle serait payée en trois ans, soit 813 écus 1/3 4 s. 6 d. par an.

Chitry. — Des travaux avaient été exécutés par Milon Petit, « entrepreneur de la fermeture et clôture dudit Chitry » mais ces travaux ayant été mal exécutés les habitants lui avaient intenté un procès. Une sentence du bailliage d'Auxerre avait prescrit que le lieutenant-général, et des charpentiers, des maçons et des couvreurs se transporteraient à Chitry pour visiter les murailles et en constater l'état. Les frais de cette visite, montant à 62 écus 1/2, furent imposés par lettres-patentes du 19 mai 1581. Une seconde somme de 62 écus 1/2 fut ensuite imposée sur les habitants qui, au nombre de 60, avaient voté un impôt de 180 écus pour poursuivre le procès.

Coulanges-sur-Yonne. — Lettres d'assiette sur les habitants, en date du 23 novembre 1582, pour imposer sur eux 36 écus 2/3. Cette imposition était faite pour payer deux chevaux qu'ils avaient saisis et vendus sur Loup Petit, moyennant 60 écus, somme à laquelle ils avaient été cotisés pour la construction des ponts. Petit transigea à 36 écus 2/3 avec les habitants assemblés devant le prévôt de Coulanges.

Courson, La Chapelle et Villepot. — Les habitants de ces lieux comparaissant au nombre de 143, devant Loup Jolivet, ancien praticien, en l'absence du lieutenant de la justice, sur le rapport que les échevins dudit lieu leur ont fait que le baron de Courson les poursuivait devant le grand réformateur des eaux et forêts de France pour raison de leurs bois et usages par eux prétendus, ont demandé au roi la permission de s'imposer à la somme de 100 écus sol. pour fournir aux frais de ce procès.

En 1580, le roi autorisa les Elus à faire ladite imposition, et ceux-ci adressèrent en conséquence aux procureurs et échevins des lettres de permission.

Avec les frais le total de l'impôt monta à 119 écus 1|3 7 s., à la date du 16 juillet 1580.

François Déy et Barbe Duru, de Courson, ont rendu compte les 19, 27, 28 juillet 1581.

La recette monta à 119 écus 1|3 7 s. t.

La mise à 88 écus 15 s. 6 d. t.

Le reliquat montant à 34 écus 11 s. 6 d. dut être remis entre les mains de Mᵉ Denys Mousseau, lieutenant de Courson, à imputer sur les frais de 38 écus 6 d., dus pour l'obtention des lettres d'assiette par lui obtenues pour la réfection des portes, tours et murailles de ladite ville de Courson.

En 1581, les murailles d'enceinte de Courson ayant besoin de réparations, les habitants assemblés, au nombre de 150, dont plusieurs veuves, pardevant le lieutenant du bailli, à la requête des trois procureurs et échevins, proposèrent de voter 2,000 livres pour payer les frais de ces travaux. Mais 19 autres habitants s'opposèrent à cette proposition, ne voulant pas être imposés par autorité, mais contribuer à leur volonté, soit en faisant le travail à la toise, soit en souscrivant une somme d'argent.

La majorité répondit que les réparations ne seraient jamais faites par ce moyen, « et que ladicte ville demeureroit inhabitable en forme de village, au dommage de chacun des habitants, et estre souvent mangez, vollez et pillez par les gens d'armes qui passent et repassent journellement par cedict lieu, comme ils ont faict cy-devant à l'occasion des deffenses que font lesdiz habitants, et que si la ville n'est réparée ils seront en grand danger de souffrir de grandes pertes et ruynes. »

« Attendu que les discordans sont ung petit nombre et que la plus grande partie le doit emporter en fait de communauté, ont requis que sans préjudice desdiz deffaillans, le consentement qui a esté donné par les dessus diz qui sont en grand nombre, soit exécuté. »

Et en conséquence, le lieutenant du bailli ordonna que les demandeurs obtiendraient des lettres du roi autorisant l'imposition. Ce qui eut lieu, et le roi, dans ses lettres du 10 mai 1581 aux Elus d'Auxerre, rappelle que les habitants de sa ville de Courson lui ont exposé « que dès le règne du roy François I, la ville de Courson auroit toujours esté close et fermée de murailles, tours, portes et aultres forteresses, suivant lettres patentes dudit Roy, lesquelles tours, portes et autres fortifications seroient demeurées jusques à présent, touteffois démolies, ruynées et empirées en plusieurs endroits, au grand préjudice d'iceux exposants qui se sont préservez jusques à présent du passage des gens de guerre et aultres incommodités dont le plat pays est continuellement molesté, à nostre très grand regret. »

Mailly-la-Ville. — Les habitants assemblés au nombre de 57, pardevant Olivier Foudriat, lieutenant en la prévôté, à la requête des trois procureurs du fait commun, ont conclu de solliciter des lettres-patentes pour asseoir sur eux une taille de 100 écus, pour le remboursement des frais faits dans un procès au sujet de leurs usages, par devant M. Nicolas Barged, président du présidial d'Auxerre et commissaire en cette partie, à la requête du procureur général du roi au bailliage.

Les lettres ont été obtenues à la date du 28 novembre 1581. Les frais d'assiette et autres sont montés à 21 écus 2⁄3.

Migé. — Le roi rapporte dans ses lettres du 5 janvier 1583 que les habitants de Migé lui ont fait remontrer que en 1575 « pour obvier aux incursions des gens de guerre estant ordinairement en ladicte année et la suivante aux environs dudict Migé, et éviter la ruyne apparente de la muraille et fortification de ladicte ville qui estoient en fort éminent péril, et subvenir aux réparations, etc., » ils avaient conclu de lever sur eux, savoir :

Sur ceux qui sont résidants en la ville le 20ᵉ du produit de leurs blés et vins, et sur les habitants du faubourg et qui ont des maisons dans la ville le 25ᵉ; enfin sur les autres habitants dudit faubourg le 30ᵉ.

Ils avaient chargé M⁰ Etienne Gerbault, l'un des notaires et secrétaires du roi, d'obtenir la permission dudit impôt. Celui-ci leur avait promis de le faire, et pendant ce temps ils avaient agi en conséquence et fait les réparations nécessaires. Mais M⁰ Gerbault était mort sans leur procurer les lettres en question, ce qui les jetait dans un grand embarras. Le roi, par ses lettres, régularise les actes accomplis, mais à condition qu'ils ne recommenceront plus, sous peine d'amende.

Quenne. — Lettres d'assiette obtenues par les habitants de Quenne, le 2 juin 1582, pour imposer sur eux la somme de 1,333 écus 1\|3, en trois ans, pour les réparations de leurs murailles. — Le roi, adressant des lettres aux Trésoriers-généraux des finances à Dijon, rapporte que « ses chers et bien amez les manans et habitans de sa ville de Quesnes lui ont très humblement fait remonstrer que pendant les troubles ladicte ville de Quesne avoit esté prinse et démolie par ceux de la relligion prétendue refformée, et les murailles et plusieurs autres édiffices de leur ville esté ruynez ; pourquoi il leur a convenu et convient faire de grandes dépenses, etc. »

Les habitants avaient tenu une assemblée le 12 février 1582, pardevant Laurent Boucher, lieutenant au bailliage. Ils étaient au nombre de 118, parmi lesquels on voit des individus qui ont encore des représentants Etienne Guyard, Gillet Fouard, etc., et de plus *neuf veuves.*

Parmi eux neuf habitants refusèrent l'impôt ; le lieutenant du bailli passa outre et donna défaut contre eux.

Suivent les actes approbatifs des Trésoriers-généraux et des Elus d'Auxerre. Ceux-ci visent le rapport de Jacques Guillet, maçon, et de Loup Louat, charpentier, dans lequel la réparation des murailles, tours et portes de la ville est estimée à 8,467 livres. Les Elus recommandent aux assesseurs de la taille de « avoir égard au soullagement des habitans du faubourg de Quesne, auxquelz les habitans de la ville seront tenus de donner le carreau de terre des places vides de ladicte ville pour 20 sous, lorsqu'ils voudront bâtir en-icelle, le tout suivant le consentement de tous les habitans. »

Gouaix-les-Saint-Bris. — Ce bourg avait été jadis entouré de murs, lesquels étaient tombés en ruine avec le temps e par le fait des Anglais, au xiv⁰ siècle.

En 1578, les habitants sollicitèrent l'autorisation de les réparer. Le roi, dans ses lettres-patentes du mois de juin 1577, rapporte que ceux-ci lui ont fait remontrer « qu'ayans, durant les troubles passez, esté comme ils sont encores journellement extrêmement travaillez tant par nos gens de guerre que par aultres diverses personnes comme vacabons et gens sans aveu qui exercent sur eulx toutes espèces de cruautés, jusques mesmes à les contraindre abandonner leurs maisons, esquelles par ce moyen ils ne peuvent demourer seurement. Et voyans iceulx habitans que le seul moyen de se conserver en leurs biens est de faire réédiffier les anciennes murailles dudit lieu qui ont esté cy devant ruynées et démollies par les Angloix, et aprofon 'ir les fossez qui sont autour d'icelles, ils se seront assemblez, et entre eulx, d'ung commung accord, consenti fournir aux frais qui pour l'entière closture d'icelluy lieu seroient nécessaires, etc. » Le roi leur permet donc de s'imposer, etc.

Le 28 avril 1578, les Elus d'Auxerre entérinent les lettres-patentes et délèguent le bailli de Saint-Bris pour présider à l'adjudication des travaux, en présence des habitans de Gouaix.

« Les frais de ladicte fermeture de Goix ont esté taxés à 9,919 livres 18 s. principal et frais, en présence du procureur du Roy en l'élection d'Auxerre, de Noël Lorin et Claude Robert, syndics du bourg, et de Prix Girardin, solliciteur des habitans.» Cette somme fut imposée sur les habitants et sur les autres propriétaires d'héritages dudit lieu et payable en trois ans.

Les collecteurs, après recouvrement, durent verser les deniers entre les mains de Pierre Jodon, marchand à Saint-Bris, commis à cet effet par les Elus. Celui-ci était chargé du paiement sur mandats des syndics à mesure de l'avancement des travaux, à l'entrepreneur Edme Jodon, et suivant le toisage qui en était fait par le bailli de St-Bris.

Edme Jodon « entrepreneur de la fermeture de Goix à raison de 2 écus 1[2 pour toise » reçut 2,072 écus ou 6,216 livres. La recette totale effectuée était de 3,538 écus et la dépense justifiée par les comptables fut de 3,502 écus 1[3 seulement. Les 35 écus 1[2 restants furent affectés à l'amélioration des murailles.

Les opérations des recettes et dépenses furent l'objet de quatre comptes rendus de 1579 à 1584, par des collecteurs différents pour chaque année. Enfin un compte géuéral fut rendu en 1581, pour toute l'opération, par deux autres collecteurs.

Les habitans de Gouaix firent encore reconstruire, en 1581, la porte de leur village qui conduisait à Chitry. Cette dépense monta, avec les frais de recouvrement, à 95 écus 1[3, et fut comprise dans la dépense générale des fortifications. La porte de bois proprement dite coûta 33 écus.

Saint-Bris. — Les habitants de cette ville demandent des lettres d'assiette de 1,000 écus en trois ans, à commencer du mois de février 1583, pour l'entretien et rétablissement du pont de la porte de Gouaix « qui est ung des principaux de la ville de Saint-Bris, » et la réparation des murailles de ladite ville, et pour payer les frais d'un procès à la Cour des aides.

Le roi leur accorde des lettres-patentes en conséquence, le 13 février 1582, sur le vu de la délibération de l'assemblée générale des habitants présidée par le bailli Nicolle Régnauldin, le 23 juillet 1581.

Cette délibération porte que les habitants ont fait de grandes dépenses à Paris pour la poursuite d'un procès contre les habitants d'Auxerre, au sujet d'une cote-part de 195 écus 1[2 dans l'imposition pour la restauration du grand pont de l'Yonne, qui avait été mise induement sur Saint-Bris. Les habitants de Saint-Bris déclaraient n'être pas tenus à payer cette somme avant que ceux d'Auxerre n'aient justifié avoir employé les deniers du subside destiné au pont. Ils prouvaient par un compulsoire que les officiers d'Auxerre avaient levé en vingt-cinq ou vingt-six ans de 75 à 80 mille livres ; et qu'ils avaient employé cette somme au rétablissement de leurs murailles au lieu de réparer le pont.

La délibération continue ensuite sur cette nécessité de réparer les murailles qui en ont grand besoin, « ainsi qu'il se voit à l'œil, » Denis Belin, échevin, et Etienne Deschamps, gouverneur du fait commun, proposent d'y employer 1,000 écus payables en trois ans.

Mais le projet ne fut pas mis de suite à exécution, car le 23 janvier 1582, le bailli de la seigneurie ayant appris qu'une autre assemblée, composée de 120 à 140 personnes « représentant la plus grande et saine partie des habitans », tenue le premier dudit mois de janvier, avait confirmé la délibération de juillet, ordonna qu'il y serait donné suite, ce qui eut lieu, comme on l'a vu plus haut.

Le procureur de la seigneurie, Michel Rougeot, disait dans son rapport au bailli : « C'est affin d'entretenir la forteresse dudict Sainct-Bris en son entier, qui importe au roi, à la républicque et aux voysins, lesquelz en temps d'hostilité se retirent en ladicte ville pour la conservation de leurs corps et biens. »

Saint-Cyr-les-Colons. — Lettres patentes du 29 mars 1578, adressées aux Trésoriers-généraux des finances « en la généralité d'oultre Seyne et Yonne » et aux Elus sur le fait des aides et tailles d'Auxerre, relativement à la réparation des murailles du village de Saint-Cyr-les-Colons.

Les habitants exposent au roi leur fâcheuse situation, et comment « pour les préserver des incursions des gens de guerre dont ils estoient durant les troubles passez journellement prévenuz et molestez, ils avoient esté contrainez de faire réparer les grandes ruines et démolitions qui estoient lors tant es murailles qui font la closture de ladicte ville que aux portes et tours d'icelles, lesquelles ruynes et démolitions, qui ne sont encore touteffoys entièrement réparées, ils auroient advisé de faire visiter par gens à ce cognoissans, etc., » puis fait annoncer au prône la mise en adjudication des travaux à faire, laquelle fut tranchée au profit de Germain et Cyr Petit, moyennant 6,000 livres. Le bailli d'Auxerre condamna les habitants à payer cette somme, et comme ils n'avaient pas moyen de payer, ils demandèrent au roi de s'imposer, etc.

Les lettres-patentes prescrivent aux Elus de faire imposer la somme de 6,000 livres sur tous les habitants et aussi sur les propriétaires forains, en trois ans, en y ajoutant 450 livres pour les frais.

Les Elus visent les lettres et les entérinent, et relatent l'acte d'assemblée des habitans du 25 février 1578, puis autorisent ces derniers à s'imposer en ajoutant au capital 6 deniers par livre pour frais de cueillette (28 avril 1582).

Les frais de la levée des deux mille livres pour la première année ont été taxés par les Elus à 316 livres 9 s., y compris 450 livres pour les frais de l'impétration des lettres-patentes.

Maître Goureau a mentionné en marge de son registre que Germain et Cyr Petit, collecteurs, ont rendu leur compte de la première levée le 12 octobre 1580. La recette montait réellement à 2,320 livres et la dépense à 2,351 livres 10 sols.

Des défauts de forme avaient arrêté un moment la levée, puis les Elus permirent d'agir aux échevins et asseyeurs de la taille.

Il est fait mention successive des trois levées, et maître Goureau ajoute en regard que le compte a été rendu.

Vincelles. — Les habitants ont adressé au roi une requête expositive que « par cy-devant, tant par caducité, vieillesse, intempérie des ventz et encore d'abord des eaues de la rivière d'Yonne fluante et coulante jouxte ladicte ville, quelque partie des murailles, tours et portes de la closture dudict lieu auroient esté démollies et abbatues, de sorte que la pluspart d'eulx auroient esté contrainctz de quitter leur demeure et habitation pour se veoir exposez à une infinité de dangers et inconveniens ;

« Pour à quoi obvier ils assemblez, ou la plus grande part, auroient advisé de lever quelques deniers, etc. » Pourquoi ils ont demandé la permission d'imposer sur eux la somme de 300 écus d'or, pendant que quelques particuliers avanceraient ce qui serait nécessaire pour réparer les plus importantes ruines.

Le roi, de l'avis de son Conseil, les a autorisés à imposer sur eux ladite somme de 300 écus d'or et 12 écus pour les frais, laquelle somme serait levée par l'un des habitants élu par la communauté, à charge d'en rendre compte (23 février 1583).

— Lettres des Elus d'Auxerre aux habitants de Vincelles pour les autoriser à s'imposer de la somme de 300 écus d'or.

—

APPENDICE

Etat des impôts généraux mis sur le comté d'Auxerre.

1578 à 1585.— Taillon annuel, fos 2 (1), 25, 57, 109, 139, 161, 215, 245.

1578 à 1584. — Octroi ou don gratuit accordé au roi, fos 21, 129, 232.

(1) Les chiffres de ces folios sont ceux du registre de Me Goureau.

1579. — Réparation du pont d'Auxerre, f° 39.

1580 à 1582. — Subvention sur les villes closes, f°s 74, 158.

1580, 1581. — Solde de 40 arquebusiers à cheval pour la garde du duc de Mayenne, f°s 79, 126.

1580. — Levée de 26 pionniers, f° 89.

1580 à 1585. — Solde de 50,000 hommes de pied, imposition mise sur les villes closes, f°s 95 et 223, 258.

1580. — Impôt pour l'extinction du subside du vin, f° 103.

1580. — Rétablissement de quatre quartiers des gages des officiers de l'élection d'Auxerre, f° 151.

1582. — Droit de bordereau aux contrôleurs, f° 165.

1582 à 1585. — Gages des recteur et régents des grandes écoles d'Auxerre, f°s 171, 218, 227, 248.

1583. — Commission pour l'entretien des gens de guerre afin de les réduire à l'ancienne discipline militaire, et pour l'entretien des villes frontières, f° 178.

1583, 1584. — Impôt de l'équivalent pour remplacer les 12 deniers par livre sur les marchandises vendues, f°s 187 et 243.

1583. — Extinction du subside de 15 sous sur chaque muid de vin, f° 205.

1583. — Taille des Grands-Jours tenus à Troyes, f° 212.

1584. — Rachat des offices de receveurs collecteurs des tailles, f° 220.

1584. — Remboursement des quartiers arriérés aux officiers de l'élection, f° 236.

1585. — Rachat des greffes des tailles, f° 250.

Impôts communaux pour réparer les murs des villes et villages, payer des dettes et des frais de procès, et rétablir les fontaines.

Auxerre, f°s 16, 29, 35, 83, 101.

Chitry, 117, 134.

Coulanges-sur-Yonne, 202.

Courson, La Chapelle et Villepot, 76, 120.

Cravan, 113.

Mailly-la-Ville, 136.

Migé, 210.

Quenne, 152.

Saint-Bris et Gouaix, 13, 120, 144.

Saint-Cyr, 9.

Vincelles, 18 4.

(N° 1.)

Liste des officiers de l'Election d'Auxerre.

Maître Palamède Goureau ne néglige rien de ce qui peut donner de l'utilité à son registre. Il y consigne (f° 165) les noms des officiers de l'Election en 1581.

Ce sont :

MM. Philippe Vincent, président.

Michel Privé, élu.

Palamède Goureau, élu.

Claude Vernillat, élu.
Eusèbe Ferroul, élu.
Edme Leclerc, élu.
Joachim de la Faye, contrôleur.
Pasquet Coutant, contrôleur.
Jean Girard, avocat du roi.
Claude Symonnet, procureur du roi.
Germain Grail, receveur.
Germain Créthé, receveur.
Claude Ferroul, greffier.
Réné Richer, commis.
Jacques Goureau, sergent.
Gabriel Lefou, sergent.
Mathieu Avenot, sergent.

(N° 2.)

1579, 28 AVRIL.

Marché pour la construction d'une conduite en bois des eaux de la fontaine de Val'an à Auxerre.

Le 28° jour d'apvril, l'an 1579, comparut personnellement Françoys Carrier, fontaynier demeurant à Mussy-soubz Mascon, lequel a promis et promect à honorable homme Joachim Delafaye, maire, nobles hommes et saiges maistres Françoys Légeron, Edme Bargedé, Nicolas Tribolé, Claude de Montempuys, Jehan Boyrot, Guillaume Bérault, Joseph Le Muet et Nicolas Petit avec Edme Hynnot, eschevins de ceste ville d'Auxerre, présens et acceptans ;

De faire venir l'eaue de la fontaine assise à Valan, distant dudict Auxerre d'une grande lieue, audict Carrier, fontanier, monstrée par lesdictz eschevins, et en laquelle il est descendu à l'effet de ce qui s'ensuit, et faire couler l'eaue d'icelle fontaine par thuyaulx et canaulx de boys de verne jusques au bassin de pierre de taille siz proche le pillory de ceste dicte ville d'Auxerre, en la paroisse de Saint-Eusèbe, et de là en deux autres endroitz de ladicte ville, sçavoir en la Croix de Pierre, paroisse de Nostre-Dame-la-Dehors, en la place devant l'Hostel de ladicte ville; et esdictzlieux ou endroictz faire deux pilliers en façon de pillastres de pierre de taille non gelisse, de franc banc de la pierre d'Angers (1), près la ville de Tonnerre, bandez de barres de fer, plombez et cimentez si bien que l'eaue ne s'en puisse perdre aulcunement. Et seront de haulteur et grosseur suffisante, jectans l'eaue avec meuffles de cuyvre et cornes de fert, jour et nuict, incessamment, en grande abondance ; et le bassin près le pillory le faire de pierre de taille de telle largeur qu'il est de présent, avec la colonne ou pillier de pierre de taille de la qualité que dessus, avec meuffles de cuyvre et cornes de fert pour jecter l'eaue en trois endroictz du moings dudict pillier, jour

____

(1) Angy, commune de Lézinnes, Yonne.

et nuict, incessamment et abondamment, tant que les che-
vaulx puissent boyre aysément de ladicte eaue audict bassin
dudict pillory ; mettre en icelluy des barres de fer pour sous-
tenir les seaulx, et faire tout ce qu'il conviendra et sera nécessaire esdiz bassins et pilliers de pillastres et colonnes, à la
charge qu'icelluy Carryer, fontanier, se pourra ayder des
pierres qui sont de présent audict viel bassin proche dudict
pillory, lequel il fera refaire de nouveau, bander et barrer de
fer, plomber les crampons et barres de fer, et les joinctz cimenter si bien et proprement que l'eaue ne s'en puisse escouller
ny perdre en manière que ce soit. Et au lieu de la source de
ladicte fontaine de Valan abbatre et refaire de pierre de taille
de la qualité que dict est bardé de fer cimentez et plombez, et
que l'eau d'icelluy soit conservée. Et en icelle besongne mettre
ung huys de fer fermant à serrure pour y entrer et sortir
quant bon semblera. Pour lesdiz bassin et ouvraiges de ladicte
fontaine de Valan faire s'aydera ledict fontanier des maté-
riaulx qui y sont, soient pierres de taille ou fer. Et d'illec
amener ladicte eau de Valan par lesdiz canaulx et thuyaulx
de boys de verne le plus commodément que faire ce pourra,
et à la moindre incommodité des propriétaires des lieux par
où lesdiz thuyaulx et canaulx sont posez, esdiz troys lieux et
endroictz de ladicte ville d'Auxerre et hors d'icelle et par les
champs et prez, et dont tiraige et mesuraige en a esté faict
par ledict fontanier, revenant à la quantité de troys mil huit
cens thoyses ou plus ; joindre lesdiz corps et canaulx de liens
de fer ; iceux plomber et cimenter si besoing faict, en sorte
que l'eaue coulle et flue librement sans discontinuacion et
perte d'icelle, et depuys ladicte fontaine de Valan jusques auxdiz lieux du Pillory, Hostel de ville et Croix de pierre, vingt-
quatre regards et gaignettes d'ung pied et demy en carré en
œuvre, garniz autour de pierre de taille non gelisse, comme
dict est, et feuller pour y mettre la pierre pour fermer chacun .
desdiz regardz. Et lesquelles pierres seront garnies de bocles
de fer pour icelles pierres lever quant besoing sera. Et en
chacun coing des pierres desdiz regardz mettre des crampons
de fer qui seront mis avec plomb. Faire en oultre par ledict
Carrier, fontanier, les curées pour mettre et poser lesdiz corps
et canaulx, de telle largeur et profondeur qui sera de raison ;
le tout de ce que dessus bien et convenablement, à dict de
gens à ce congnoissans. Et où en destournant ou aultrement
poursuyvant par ledict Carrier, fontanier, ladicte besongne et
entreprinse du cours d'eaue de ladicte fontaine de Valan se
trouveroient quelzques corps de plomb, fer ou pierre de taille
aultres que ce qui a esté déclairé cy dessus, demeureront
ausdiz maire et eschevins soit qu'ils soient trouvez par les
champs depuys ladicte fontaine de Valan ou dedans ladicte
ville d'Auxerre, pour en disposer par lesdiz maire et eschevins à leur volonté ; et rendre par ledict fontanier ladicte beson-
gue par eulx ainsy parfaite dedans Pasques prochainement
venant. En laquelle ledict fontanier, oultre son ouvraige et
peine de ses mercenaires, fournira de toutes matières et estoffes
nécessaires bonnes et vallables moyennant le pris et somme

de deux mil escuz soleil, que lesdiz maire et eschevins ont promis payer audict fontanier au feur et prorata de ladicte besongne faicte, sans aulcune advance. Et pourront lesdiz maire et eschevins, ou leursdiz depputez et commis, par chascun jour veoir et visiter ladicte besongne selon qu'icelle ce fera. Et ladicte besongne parfaicte et ladicte fontaine fluant esdiz troys endroictz de ladicte ville d'Auxerre, avant la perfection du payement de ladicte somme, icelle faire visiter par gens à ce congnoissans et expérimentez, avant la réception d'icelle. Et a esté accordé entre lesdictes parties, si c'est la volonté de monsieur le commandeur du Saulce, à cause que la source et eaue de ladicte fontaine se print audict Valan duquel il est seigneur, que ledict fontanier en fera une distribution de la grosseur d'ung poix et plus de mesmes estoffes que dessus, pour icelle eau faire couller à ses frais et despens, et sans rien demander audict sieur commandeur, si ce n'est de sa pure libéralité, dedans le logez dudict sieur commandeur siz près la porte du Temple dudict Auxerre. Et oultre ledict Carrier promis que ou lesdictz maire et eschevins luy fourniront deux bassins, il sera tenu les asseoir esdictes places devant ladicte maison de ville et Croix de Pierre.

Si comme, etc.; Promettant respectivement, etc. ; Obligeans, etc. Et encores par ledict Carrier corps et biens, etc. — Faict, présens honnorables hommes maistres Jehan Chasteau, praticien, Pavas Sanglé et Claude Mourlet, marchans d'Auxerre. — Ledict Carrier a dict ne sçavoir signer. La notte et minutte originalle de ses présentes est signée avec la signature du juré et notaire royal soubzsigné des signatures desdiz Delafaye, Légeron, Bargedé, Tribolé, de Montempuy, Boyrot, Bérault, Le Muet, Petit, Hynnot, Chasteau, Sanglé et Mourlet. — Signé : Mamerot (notaire). (Registre f° 35.)

(N° 3.)

Requête adressée au Roi par les habitants des ville, Comté et Election d'Auxerre pour obtenir le changement de l'impôt de 12 deniers par livre sur toute marchandise vendue, en une somme de 800 écus par an.

AU ROY.

Sire,

Les manans et habitans de la ville, Comté et Eslection d'Auxerre, consistans seullement en quarante-deux villes, villaiges et hameaux, vous remonstrent que en icelle Eslection y a une imposition de 12 deniers pour livres sur toutes sortes de marchandises et danrées qui se vendent, trocquent et débitent en icelle Eslection, laquelle se baille à ferme comme aydes à diverses personnes, asçavoir en ladicte ville d'Auxerre par enchères séparées, selon la nature et qualité des marchandises et danrées, et par les autres villes et villaiges de ladicte Eslection conjoincte ment avec les impositions des vingtiesmes des vins venduz en gros, et huictiesmes du vin vendu en destail. Et combien que ladicte imposition de 12 deniers t. soit de peu de revei u, et qu'elle ne puisse excedder plus hault prix que 500 escuz par an, à prendre en dix années une commune, si est-ce que es marchans, tant de ladicte ville que des environs, sont tellement travaillez et molestez par procès que lesdiz fermie s leurs suscitent, que la pluspart d'iceulx négligent apporter et faire conduire leursdictes marchandises en ladicte ville d'Auxerre et aultres villes et villaiges de ladicte Eslection, et aymans troup mieulx les vendre en leurs maisons et aux champs où lesdictes impositions n'ont aulcun cours que les mener et conduire en ladicte ville et Eslection, affin de n'avoir affaire ausdiz fermiers, au grand dommaige non seulement de ladicte ville d'Auxerre, mais de toutes les villes et villaiges de ladicte Eslection, et mesme de votre bonne ville de Paris, où la pluspart desdictes marchandises et danrées se conduisent pour y estre consommées.

A ceste cause, Sire, il vous plaise, pour rédimer les marchans de ladicte ville et des environs de telles vexations, commuer, ainsy que avez faict en aultres villes de ce royauime, ladicte imposition de 12 deniers pour livre, excepté touteffoys le huictiesme du vin vendu en destail, en ung équivallent tel qu'il plaira à Vostre Majesté ordonner, eu esgard à une année commune de dix dernières. En considération que lesdictes aydes n'ont lieu en la duché de Bourgongne, à laquelle ladicte Comté et Eslection d'Auxerre est unye et incorporée quant aux estatz, finances et gouvernement. Lequel équivallent sera levé sur lesdiz habitans de ladicte ville et Eslection d'Auxerre, ainsy que les aultres deniers de voz tailles. En quoy faisant Vostre Majesté recepvra par chascune année ledict équivallent sans aulcune diminution. Et vostre pauvre peuple en demeurera fort soullaigé, qui priera Dieu pour l'augmentation de vos grandeurs. (Registre f° 187, v°).

(N° 4.)

Département de la somme de 20,000 livres imposée sur les villes, bourgs et villages du bailliage d'Auxerre, pour la réparation du pont de cette ville, en 1579.

NOMS DES LIEUX (1).	Ecus.	Sous.	Deniers.
Auxerre, ville et faubourgs	733 1/3	»	»
Gurgy et la paroisse.	24 1/3	6	8
Chemilly et Beaumont	36 2/3	»	»
Seillenay.	61	6	8
Héry et la paroisse	63 2/3	5	»
Rouvray	30 1/3	3	4
Boully.	9	10	»
Le Mont-Saint-Supplis	30 1/2	3	4
Bonnard	12	13	4

(1) L'ortographe des noms de lieu a été conservée comme au manuscrit.

	Ecus.	Sous.	Deniers.
Aulgy	12	13	4
Saint-Bris et Gois	195 1/2	3	4
Grisy	9	10	»
Quesne et Nangy	30 1/2	3	4
Venoy et la paroisse	30 1/2	3	4
Bleigny	30 1/2	3	4
Montigny-le-Roy et la paroisse	24 1/3	6	8
Villeneufve-Saint-Salle	9	10	»
Chitry	113	3	4
Saint-Cire et la paroisse	113	3	4
Courgy	30 1/2	3	4
Préhy	30 1/2	3	4
Irancy	125	16	8
Vincellotte	9	10	»
Cravant	91 2/3	»	»
Accolay	18	11	8
Vermenton	128 1/3	»	»
Sainte-Pallais	7 1/2	8	4
Prégilbert	7 1/2	8	4
Bessy	7 1/2	8	4
Lissy-sur-Queure	4 2/3	13	4
Sacy	35	8	4
Joux	48 2/3	13	4
Précy-le-Sec	36 2/3	»	»
Arcy-sur-Queure	45 2/3	10	»
Saint-Morré	29	1	8
Voultenay	48 2/3	13	4
La Brosse-Conche	5	»	10
Blannay	18 1/3	»	»
Givry	9	10	»
Saint-Père-sous-Vézelay	24 1/3	6	8
Asquien	33 1/2	10	8
Montelluot	30 1/2	3	4
Vézelay	76 1/3	3	4
Bois-d'Arcy, de la paroisse d'Arcy	4 2/3	13	4
Brosses, Fontenilles et Chevroche	36 2/3	»	»
Trucy-sur-Yonne	7 2/3	16	8
Sery	7	1	»
Fontenay-sous Fourrosne	7 1/3	»	»
Avrigny	13 2/3	5	»
Mailly-la-Ville	15	16	8
Frasses	4 1/2	5	»
Merry-sur-Yonne	33 1/2	6	8
Fourrosne et la paroisse	42 2/3	6	8
Mailly-le-Chastel	42 2/3	6	8
Crain	9	10	»
Chastelsensoy	33 1/2	6	8
Lucy-sur-Yonne	12	13	4
Collanges-sur-Yonne	36 2/3	»	»
Lichères	5 1/2	»	»
Andrye et la paroisse	39 2/3	3	4

	Ecus.	Sous.	Deniers.
Dreux	36 2/3	»	»
Merry-Sec et la paroisse	67	13	4
Estaiz	18 1/3	»	»
Fontenailles-sur-Courson	9	10	»
Molesmes	12	13	4
Festigny	12	13	4
Sougères et la paroisse	30 1/2	»	»
Courson	85	»	»
Linsec	24	»	»
Asnières	13 2/3	»	»
Estaiz-Millon	5 1/2	»	»
Cray	9	»	»
Saint-Puits et la paroisse	21 1/3	»	»
Chamou	9	»	»
Tingy	30 1/2	»	»
Trucy-l'Orguilleux	30 1/2	»	»
Corvol-l'Orguilleux	18 1/3	»	»
Oisy et la paroisse	36 1/3	»	»
Boully	16 2/3	»	»
Breugnon	9	»	»
St-Père-du-Mont, en ce qui est du bailliage	9	»	»
Moix et Davyon	9	»	»
Quincy, en ce qui est du bailliage	9	»	»
Parrigny-la-Rose	12	»	»
Corvol-le-Dambernard	6	»	»
Marcy	9	»	»
Varzy	183	»	»
Oudan	9	»	»
Courcelles et la parroisse	10 2/3	»	»
La Chapelle-St-André et la paroisse	30 1/2	»	»
Entrains	48 2/3	»	»
Saint-Cyr-les-Entrains	9	»	»
Nanvignes	9	»	»
Menetreau	12	»	»
Champlemys	45 2/3	»	»
Saint-Maslo	5	»	»
Colmery	9	»	»
Donzy	48 2/3	»	»
Baigneux	5	»	»
La paroisse du Pré hors Donzy	24 2/3	»	»
Cessy	24 1/3	»	»
Sainte-Colombe-des-Bois	5	»	»
Seully et la paroisse	18 1/3	»	»
Saint-Andelin	10	»	»
Saint-Laurent-l'Abbaye	4	»	»
Cosne	122	»	»
Neuvy et Villemoron	18 1/3	»	»
Pogny	8 1/3	»	»
La Brosse	5	»	»
La Rivière	30	»	»

	Ecus.	Sous.	Deniers.
Paroy-lez-Donzy	3	»	»
Ciez	9	»	»
Myennes	3 2/3	»	»
Cours	5	»	»
Saint-Loup-des-Bois	12	»	»
La Celle	18 1/3	»	»
La Villeneuve	5	»	»
Neufvy	48 2/3	»	»
Annay	7 1/2	»	»
Arquien	21 1/3	»	»
Saint-Amand	61	»	»
Bitry	12	»	»
Argenoul	9	»	»
Saint-Verain	6	»	»
Alligny	30 1/2	»	»
Dampierre-sous-Bouy	9	»	»
Bohy	24 1/3	»	»
Treigny	24 1/3	»	»
Perreuse	61	»	»
Sainte-Colombe	10 2/3	»	»
Faverelles	12	»	»
Lavau	45 2/3	»	»
Bléneau, en ce qui est du bailliage	61	»	»
Moustiers	24 1/3	»	»
Saint-Sauveur	30 1/2	»	»
Saints-en-Puysaye	12	»	»
Fontenay-en-Puysaye	15	»	»
Le Deffend	12	»	»
Fontaines	25 1/3	»	»
Leviz	15	»	»
Dracy	11	»	»
Grandchamp	11	»	»
Saint-Marceau	24 1/3	»	»
La Villotte	11	»	»
Lalande	24 1/3	»	»
Thoucy	91 2/3	»	»
Molins	24 1/3	»	»
Parly	30 1/2	»	»
Merry-les-Esglény	30 1/2	»	»
Esglény	36 2/3	»	»
Saint-Martin-sur-Ocre	5 1/2	»	»
Beauvoir	18 1/3	»	»
Balles	1 2/3	»	»
Saint-Maurice-le-Viel	24 1/3	»	»
Saint-Maurice-Thizouaille	4 1/2	»	»
Saint-Aubin-Château-Neuf	12	»	»
Chassy	47 1/3	»	»
Poilly	27 1/2	»	»
Fleury	64	»	»
Branches	48 2/3	»	»
Monestau	18 1/3	»	»

	Ecus.	Sous.	Deniers.
Appoigny	91 2/3	»	»
Bassou	30 1/2	»	»
Chichery	91 2/3	»	»
Charmoy	15	»	»
Villemer	73 1/3	»	»
Espineau, Vaulgines et les Voves	18 1/3	»	»
Charbuy	33 1/3	»	»
Lindry	24 1/3	»	»
Chastenay-le-Bas, Chastenay-le-Haut et Cury	42 2/3	»	»
Ouanne et la paroisse	41	»	»
Leugny	36 2/3	»	»
Sementeron et Colons	24 1/3	»	»
Diges	73 1/3	»	»
Chevannes	30 1/2	»	»
Escan-Saint-Germain	61	»	»
Villefergeau	36 2/3	»	»
Pourrain	42 2/3	»	»
Saint-Georges	9	»	»
Parrigny	5 1/2	»	»
Gy-l'Evesque	36 2/3	»	»
Collanges-les-Vineuses	91 2/3	»	»
Le Val-de-Mercy	12	»	»
Charentenay	122	»	»
Jussy	122	»	»
Escollives	18 1/3	»	»
Vincelles	9	»	»
Basarne	24 1/3	»	»
Vaulx, Champs et les Ports	41	»	»
Migé	122 1/2	»	»
Moffy	36 2/3	»	»
Cheny	6	»	»
Pontigny	6	»	»
Thury	41	»	»

Somme totale du présent mépart, 6786 écus 2/3 t.

Fait et arrêté en la Chambre du Conseil dudict Auxerre, le 10 août 1579, par les lieutenant, Elus et contrôleur, en la présence des gens du Roy. (Registre, fº 47 et suivants).

N.-B. — Plusieurs lieux ont l'épithète de *la paroisse* après leur nom, c'est probablement pour indiquer la réunion des divers hameaux qui en dépendent.

(Nº 5.)

Lettres des Elus généraux des Etats de Bourgogne à ceux de l'Election d'Auxerre (1585).

..... Ayant le 20ᵉ de febvrier dernier reçeu lettres patentes

du 4ᵉ dudict moys (1), contenant mandement et commission
d'imposer en la présente année, oultre et par dessus les deniers
d'octroy et taillon de la gendarmerie, et sans aulcune diminution d'iceulx, la somme de 27,266 escuz 2/3 sur toutes personnes desdiz pays, sçavoir, 16,666 escuz 2/3 sur les contribuables auxdiz deniers d'octroy, et 10,600 escuz sur ceulx
résidans es villes closes desdiz pays, etc... pour convertir à
l'entretenement des gens de guerre, affin de les redduire à
l'ancienne discipline militaire, sans tenir les champs, pourveoir aux réparations des villes et places frontières...

« Nous aurions par noz depputez fait remonstrer à Sadicte
Majesté les grandes charges extraordinaires et pauvreté desdiz
pays, et la supplyer très humblement les descharger et
exempter de ladicte contribution. Sur laquelle requeste Sadicte
Majesté auroit faict response en son conseil d'Estat, tenu à
Paris le 19ᵉ de mars dernier, que ayant faict son estat de tous
les deniers ordinaires de ladicte présente année, auquel la
susdite somme estoit comprise et assignée pour la despense
de sa maison et pour ses urgens affaires, elle ne pouvoit faire
aulcune descharge pour ce regard audict pays. Laquelle response rapportée auxdiz Esleuz (encore qu'il y eust apparence
que suyvant icelle ils n'avoient occasion de différer l'exécution
de ladicte commission, ny de espérer que lesdiz pays feussent
deschargez de la totalité ou partie d'icelle somme), néant-
moings, commenceant lors les troubles à s'esmouvoir, les gens
de guerre s'espancher par lesdiz pays, vivans en toute licence
et débordement, et aulcunes villes se tenir closes et en armes
pour se conserver en l'obéissance de Sadicte Majesté, nous
aurions advisé, pour ne rien faire mal à propos, de surseoir
encores jusques à ce que par nouvelle requeste nous eussions
faict entendre à Sadicte Majesté l'estat auquel estoient et sont
à présent encores réduictz lesdiz pays, l'impossibilité de tirer
à présent argent soit du plat pays ou des villes closes, le péril
qu'il y avoit que voulant exiger d'iceulx plus que leurs
moyens et puissance ne pourroient porter, aulcuns ne
prissent occasion d'altérer quelque chose de la bonne volonté
qu'ils doibvent à leur souverain, et esmouvoir contre le bien
de son service intestines séditions. Et soubz ces considéra-
tions et aultres inconvéniens mentionnez en ladicte requeste,
supplyé Sadicte Majesté de ne presser ledict deppartement et
impost, et descharger lesdiz pays de ladicte somme.

« Et suyvant icelle délibération, ayans envoyé présenter
requeste soubz le subject susdiz à Sadicte Majesté, icelle, au
lieu d'y faire response et l'accorder, auroit escript du 14ᵉ may
dernier, aux sieurs Trésoriers généraulx de France establiz à
Dijon, lettres closes par lesquelles elle nous inculpe grandement
de ce que nous n'aurions procedé au deppartement et
levée de ladicte somme, et que nous aurions voulu différer

(1) Ces Lettres sont insérées dans le *Recueil des édits des
déclarations du Roi, etc.*, publié par les Élus généraux de
Bourgogne en 1787, t. II, p. 619 et suiv.

jusques à ce que le malheur de ceste saison nous eust servy d'excuse; dont elle se déclare très mal contente, et sa volonté estre que nous fussions admonestez de réparer ceste faulte, n'estans, comme contient ladicte lettre, toutes lesdictes villes occupées, ny les subjectz desdiz pays entièrement destournez de l'affection et obéissance qu'ils doibvent à Sadicte Majesté, et qui leur debvoit estre accreue pour les occasions qui se présentoient; lesquelles lettres lesdiz sieurs Trésoriers généraux nous auroient faict signiffier, sommé et interpellé de procedder au deppartement et levée de ladicte somme, qui a esté cause que, toutes choses mises en considération, nous aurions prins advis de asseoir et imposer la moitié de ladicte somme, assavoir sur les villes closes 5,300 escuz et sur le plat pays 8,333 escuz un tiers..... Et avons cottisé les villes closes de vostre Eslection à 650 escuz, et sur les bourgs et villages du plat pays dudit Comté, 550 escuz. » — 5 juin 1585. (Registre f° 269.)

MAX. QUANTIN.